생활 속 사례로 생생하게 배우는 경제 2

카카오톡이 공짜가 아니라고?

생활 속 사례로 생생하게 배우는 경제 2
카카오톡이 공짜가 아니라고?

초판 1쇄 발행 2024년 7월 23일
초판 2쇄 발행 2025년 4월 30일

글 이정주
그림 허현경

펴낸곳 도서출판 개암나무(주)
펴낸이 김보경
경영관리 총괄 김수현　**경영관리** 배정은 조영재
편집 조원선 김소희 오은정 이혜인　**디자인** 이은주　**마케팅** 이기성
출판등록 2006년 6월 16일 제22-2944호

주소 서울특별시 용산구 한남대로40길 19, 4층(한남동, JD빌딩) (우)04417
전화 (02)6254-0601, 6207-0603　**팩스** (02)6254-0602　**E-mail** gaeam@gaeamnamu.co.kr
개암나무 블로그 http://blog.naver.com/gaeamnamu　**개암나무 카페** http://cafe.naver.com/gaeam

ⓒ 이정주, 허현경 2024
이 책의 저작권은 저자에게 있습니다.
저자와 출판사의 허락 없이 내용의 일부를 인용하거나 발췌하는 것을 금합니다.

ISBN 978-89-6830-824-6 73320

품명 아동 도서 | **제조년월** 2025년 4월 30일 | **사용연령** 11세 이상
제조자명 개암나무(주) | **제조국명** 대한민국 | **전화번호** 02-6254-0601
주소 서울특별시 용산구 한남대로40길 19, 4층(한남동, JD빌딩)

생활 속 사례로 생생하게 배우는 경제 2

카카오톡이 공짜가 아니라고?

이정주 글 허현경 그림

개암나무

작가의 말

생활 속에서 만나는
진짜 경제를 알려 줄게요

전염병이나 전쟁처럼 엄청난 일을 겪으면 인간의 삶이 크게 변해요. 돈이나 상품을 둘러싼 경제 활동은 그에 맞춰 달라지고요. 14세기 유럽에 '페스트'라는 병이 퍼졌어요. 유럽 인구 약 3분의 1이 목숨을 잃을 정도로 무서운 전염병이었어요. 이즈음 너무 많은 사람이 한꺼번에 죽어서 농사지을 사람이 모자랐대요. 밀처럼 노동력이 많이 드는 농사는 줄고, 상대적으로 손이 덜 가는 포도 농사가 늘었지요. 그 결과 유럽에는 와인 산업이 발달했어요.

우리는 지난 몇 년간 코로나19 대유행을 겪었어요. 원격 수업, 사회적 거리 두기, 재택근무 등 처음 경험해 보는 일이 너무 많았지요. 코로나19 대유행 이후 경제 상황도 크게 변했어요. 비대면, 디지털 경제로 더욱 빠르게 나아가고 있지요. 인공지능(AI), 친환경, 바이오, 정보통신기술(ICT), 빅데이터 등은 우리 생활에 더 깊숙하게 들어왔어요.

경제 상황의 변화는 우리 주변에서도 쉽게 확인할 수 있어요. 대형 마트는 새벽 배송으로, 편의점은 무인점포로 바뀌고 있어요. 방송이나 신문에서 정보를 얻던 생활 습관은 개별 미디어 '유튜브'로 옮겨 갔어요. 한국의 국제적 위상이 높아지면서 K-컬처가 세계로 뻗어 나가 돈을 벌어들이고 있어요.

《카카오톡이 공짜가 아니라고?》는 이런 변화된, '지금'의 경제 상황을 알려 주는 책이에요. 교과서에 나오는 딱딱한 이야기가 아니라 어린이가 일상에서 경험할 수 있는 경제 활동을 소개해요. 현재 생활 속에서 일어나는 경제 변화를 알려 주고, 최신 경제 지식을 전해 주고 싶어 이 책을 썼어요.

이 책을 읽고 나면 주변이 새롭게 보일 거예요. 무인 아이스크림 할인점에 가서 "주인은 없지만, CCTV 등 첨단 기기가 작동하여 나를 지켜보고 있구나"라며 천장을 올려다보게 될 거예요. 유튜브를 보면서 "무료로 동영상을 보려면 광고까지 봐야 하니 돈 대신 나의 시간을 비용으로 쓰는 거구나"라며 고개를 끄덕이게 될 거예요.

일상에서 일어나는 경제의 흐름을 알면 선택이 필요한 상황에서 훨씬 유리해요. 어떤 물건을 사는 게 현명한 소비인지, 어디에 투자하는 게 미래를 준비하는 일인지 판단할 수 있어요. 매일 쓰는 카카오톡에 뜨는 광고, 자라 의류 매장 신상품 속에 숨은 경제 전략을 알면 합리적인 선택에 큰 도움이 된답니다.

《카카오톡이 공짜가 아니라고?》를 읽고 어린이들이 생활 속에서 경제를 파악하는 밝은 눈을 지녔으면 좋겠어요. 경제가 바로 우리 생활 그 자체라는 사실을 자연스럽게 깨달을 수 있기를 바라요. 이 책으로 어린이들이 현재에서 미래로 이어지는 변화에 대응할 수 있는 지식과 지혜를 얻을 수 있으면 정말 좋겠어요.

이정주

차례

유튜브와 광고
광고를 보아야만 유튜브를 무료로 볼 수 있다고?   8

새벽 배송과 유통
새벽에 집 앞까지 신선식품을 가져다준다고?   30

반려동물과 가격
강아지는 상품이 아니라고?   50

구독경제와 구매
우리 집 물건이 우리 것이 아니라고?   73

패스트패션과 소비
사도, 사도, 또 옷을 사고 싶다고?　　　　　　　　　　95

플랫폼과 마케팅
카카오톡이 공짜가 아니라고?　　　　　　　　　　　115

K-컬처와 문화 산업
한국 문화가 전 세계로 뻗어 나간다고?　　　　　　　138

무인점포와 노동력
기계가 사람의 일자리를 빼앗는다고?　　　　　　　163

유튜브와 광고

광고를 보아야만 유튜브를 무료로 볼 수 있다고?

"쭈쭈 언니는 좋겠다. 먹방 한 번에 저렇게 돈을 많이 벌다니. 치킨 열여섯 마리 먹고 골드 머니 200만 원을 받아? 정말 부럽다!"

학원에 조금 일찍 도착한 채현이는 스마트폰으로 너튜브 먹방을 보면서 혼자 중얼거렸어요. 책상 위에 영어 단어장을 펼쳐 놓았지만, 채현이 눈은 내내 너튜브 동영상에 머물렀어요. 그때 스마트폰 당번 수아가 바구니를 들고 돌아다니며 소리쳤어요.

"스마트폰 바구니에 넣으세요. 학원 끝나고 찾아갈 수 있어요!"

채현이는 보던 동영상을 멈추고 수아가 들고 온 바구니에 스마트폰을 넣었어요. 학원에서는 스마트폰을 사용할 수 없어요. 수업 시간에 스마트폰을 쓸 수 없다는 내용의 동의서에 엄마들이 모두 사인했대요.

'영어, 수학 공부 말고 너튜브만 계속 보고 싶다! 너튜브에는 어쩜 이렇게 내가 좋아하는 영상이 많지? 봐도, 봐도, 또 보고 싶어. 너튜브 보면서 24시간도 보낼 수 있을 것 같아!'

수업 시작 시간이 다 되자, 수아가 바구니를 들고 나갔어요. 같은 반 친구 예은이가 다가와 주위를 살폈어요. 그러더니 주머니에서 스마트폰을 꺼냈어요. 깜짝 놀란 채현이가 물었어요.

"너, 스마트폰 안 냈어?"

"쉿! 안 가져왔다고 하고 몰래 숨겨 놓았지."

"선생님이 보면 당장 바구니에 넣고 오라고 하실 텐데?"

"중요한 라방(라이브 방송) 하고 있어서 어쩔 수가 없었어. 이것 좀 봐."

중요한 라이브 방송이라는 말에 채현이도 목소리를 줄이고, 예은이의 스마트폰으로 눈길을 옮겼어요. 예은이는 동영상을 소리 없이 재생했어요.

"내가 구독하는 어린이 댄스 너튜버 '보하'야. 지금 뉴걸스 멤버 유나와 함께 춤추는 모습을 라방 해 주고 있어. 보하, 춤 진짜 잘 추지?"

채현이도 보하의 라이브 방송을 넋을 잃고 바라보았어요.

"우아, 멋있다! 진짜 걸 그룹이라고 해도 믿겠다!"

"더 대단한 건 뭔지 알아? 이 콘텐츠를 보하가 직접 기획하고 만들었다는 거야."

예은이는 너튜버 보하의 동영상을 보여 주며 말을 덧붙였어요.

"초등학교 6학년생인데 직접 기획, 촬영, 편집까지 다 해. 이번 라방도 보하가 기획해서 유나에게 연락했대. 유나도 보하를 알고 있었다면서 요청을 수락했고. 두 춤꾼의 만남, 정말 역사적인 순간이라니까! 요즘 보하 동영상에는 광고가 붙어서 돈도 많이 번대."

"나랑 똑같은 나이인데, 직접 너튜브 동영상을 만들고, 돈도 번다고?"

채현이는 눈이 번쩍 뜨였어요. 예은이는 채현이를 의아하게 쳐다보았어요.

"그렇다니까. 너튜브에서는 구독자가 1,000명 이상이고 연간 시청이 4,000시간 이상이면 그때부터 광고가 붙어서 돈을 벌 수 있대."

"보하는 구독자가 몇 명이야?"

"한 30만 명쯤 될걸? 보하는 구독자 1만 명이 넘어가면서부터 구독자와의 약속이라면서 동영상을 매주 한 개씩 올려."

"일주일에 한 개? 그 정도면 나도 할 수 있겠네!"

"너도 너튜브 하게? 너튜브 채널은 누구나 개설할 수 있지만, 구독자 1,000명 모으기가 쉽지 않대. 보하는 일주일 내내 너튜브 동영상 만드는 데 매달린다더라. 영상 찍고 편집하려면 시간이 모자란대. 보하는 학교 결석하는 날도 많고, 학원도 안 다녀. 부모님이 너튜브에 집중하라면서 학교도 쉬게 해 주고, 학원도 다 그만두게 해 주셨대."

그때 수업 시작종이 울리고 선생님이 들어오셨어요. 예은이는 후다닥 스마트폰을 감추었어요. 채현이도 아무 일 없었다는 듯, 자리에 앉아 영어책을 내려다보았어요.

'아차! 오늘 영어 단어 시험인데, 다 못 외웠네! 어쩌지?'

채현이는 그제야 현실로 돌아온 것 같았어요. 그러나 머릿속에는 여전히 다른 생각이 가득했어요.

'너튜브, 쭈쭈, 보하, 광고, 구독자 1,000명······.'

채현이의 공책에는 영어 단어 대신 이런 말들이 어지럽게 돌아다녔어요. 그때 문득 새로운 생각이 떠올랐어요.

'그래! 내가 왜 너튜브를 볼 생각만 했지? 나도 너튜버를 하면 되잖아! 6학년 보하도 직접 기획하고 편집해서 댄스 동영상을 올린다는데. 나도 해 보자!'

채현이는 학원 수업이 끝나자마자 집으로 달려갔어요. 아파트 단지 상가에 있는 영어 학원에서 집까지 가는 5분이 무척 길게 느껴졌어요. 채현이는 마음이 설렜어요. 근사한 너튜버가 되어, 연예인처럼 유명해지고, 돈도 많이 벌 수 있을 것 같은 기대에 부풀었어요.

집에 돌아온 채현이는 책가방과 겉옷을 식탁 의자에 대충 던져 두었어요. 식탁에는 엄마가 차려 놓은 식사와 메모가 놓여 있었어요.

"채현아, 엄마 병원 검진이 있어서 나간다. 저녁 차려 놓았으니까 맛있게 먹어."

채현이는 집에 엄마가 없어서 오히려 잘됐다고 생각했어요. 엄마는 분명 학원 숙제부터 하라고 잔소리했겠지만, 지금 중요한 건 그게 아니거든요. 채현이는 급히 동영상을 검색했어요. '너튜브 시작하는 법'을 입력하자 '너튜브 동영상 촬영 방법' '구독자 1만 명 만드는 비법' '동영상 편집 애플리케이션 추천' 등 연관 동영상이 주르륵 나왔어요. 동영상 몇 개를 연달아 본 채현이는 고개를 끄덕였어요.

"너튜버가 되려면 관심을 끌 수 있는 주제를 정하고, 꾸준히 영상으로 만들어 올리면 되네! 나는 요리를 좋아하니까 요리하거나, 맛있는 음식점을 소개해 줘야지! 일단 영상부터 찍어야겠다."

채현이는 부엌으로 가서 냉장고를 열고 쪽파와 크림치즈를 꺼냈어요. 싱크대에서 달콤한 꿀도 꺼내 가지런히 준비해 놓았어요.

"첫 요리는 어린이들이 따라 할 수 있는 쉬운 요리, 나만의 비법이 있는 쪽파 크림치즈로 정했어!"

쪽파 크림치즈는 채현이가 가장 좋아하는 소스예요. 빵에 발라 먹으면 얼마나 맛있다고요! 쪽파를 넣으면 그냥 크림치즈보다 덜 느끼해요. 채현이는 지금까지 이 소스를 열 번도 넘게 만들어 봤어요. 이제는 엄마가 도와주지 않아도 척척 만들 수 있어요.

"재료 준비가 끝났으니까, 다음에는 카메라를 설치해야겠지?"

채현이는 스마트폰을 가져와서 카메라 애플리케이션을 열었어요.

"스마트폰을 세워 놓을 삼각대가 없는데 어떻게 하지?"

채현이는 주변을 둘러보다가 책을 가져와서 쌓았어요. 책 위에 택

배 상자를 놓고, 뒤에 독서대까지 받쳐 겨우 스마트폰과 얼굴 높이를 맞췄어요.

"카메라 설치도 쉽지 않네!"

드디어 동영상 촬영을 위해 스마트폰 카메라의 빨간 버튼을 누르고 촬영을 시작했어요. 채현이는 양손을 흔들며 밝게 인사했어요.

"여러분, 안녕하세요? 오늘부터 너튜브를 시작한 어린이 요리사 채현입니다. 저는 어린이가 따라 할 수 있는, 쉽고 간편한 요리를 알려 드릴 거예요. 첫 요리는 바로 쪽파 크림치즈입니다. 빵에 발라 먹으면 얼마나 맛있다고요. 저만의 비법을 소개할 테니, 잘 따라와 주세요. 그 전에 채현쿡 채널에 '구독' '좋아요' '알림 설정' 부탁드려요. 그럼, 시작해 볼까요? 고고고!"

채현이는 여기까지 촬영하고 동영상을 확인했어요.

"어! 녹음이 제대로 안 되었잖아? 내 말이 너무 멀리서 들려서 또렷하지 않네? 너튜버의 말소리가 잘 들리지 않으면 집중하기 어려워서 중간에 꺼 버리고 싶던데. 이런 소리로는 시청자가 끝까지 영상을 안 볼 텐데, 어쩌지?"

채현이는 스마트폰을 앞쪽으로 끌어당겼어요. 음향을 확인하느라 시작 인사를 여섯 번이나 다시 찍어야 했

어요.

"지금부터 요리를 시작할게요. 먼저 쪽파를 썰어 주세요. 어린이는 칼을 사용하면 위험하니, 저처럼 가위를 이용해 1센티미터 길이로 잘라 주세요."

요리 장면을 찍기 위해서는 스마트폰 위치를 바꾸어야 했어요. 책으로 받쳐 놓은 스마트폰을 옮기려니 쉽지 않았어요.

"파 싫어하는 어린이 많죠? 저도 그랬어요. 하지만 이렇게 파를 크림치즈와 함께 먹으면 너무 맛있어요. 잘라 놓은 파와 크림치즈를 잘 섞어 주세요. 채소를 많이 먹어야 건강한 거, 알죠? 다음은 저의 꿀팁이 나갑니다. 여기에 달콤한 꿀 한 숟가락을……."

채현이는 꿀이 든 튜브를 꾹 눌렀어요. 그런데 너무 세게 눌렀나 봐요. 그 순간, 튜브에 들어 있던 꿀이 쭉 튀어나와 날아가더니 벽에 착 달라붙고는 주르르 아래로 흘렀어요. 순식간에 부엌 벽은 꿀 범벅이 되고 말았어요.

"아, 어떡하지? 엄마가 보면 뭐라 하실 텐데……. 일단 촬영 다 하고 한꺼번에 치우지 뭐!"

채현이는 꿀을 넣는 장면부터 다시 촬영했어요.

"꿀 한 숟가락을 넣고 잘 섞어 주세요. 이 쪽파 크림치즈를 식빵에 발라 주세요. 베이글에 바르면 더 맛있는데, 오늘은 식빵만 있으니 여기에 발라 볼게요."

채현이는 식빵에 쪽파 크림치즈를 잔뜩 발라, 맛있게 먹는 장면까지 촬영했어요. 그 사이 하얀색 크림치즈가 그릇 바깥쪽에 묻고, 조리대에 떨어져 싱크대 위는 엉망진창이 되었어요. 그래도 채현이는 카메라를 얼굴 쪽으로 돌려놓고 마무리 인사를 촬영했어요.

"어린이 여러분! 잘 보셨나요? 쪽파 크림치즈, 정말 쉬우니까 꼭 만들어 보세요. 진짜 맛있답니다. 어린이도 따라 할 수 있는 쉬운 요리를 알려 드리는 채현쿡에 많은 관심 부탁드려요. '구독' '좋아요' '알림 설정' 누르는 거, 잊지 마시고요! 여러분, 안녕!"

촬영이 끝나자 채현이는 큰 한숨이 나왔어요. 동영상 한 편 촬영하는 일이 이렇게 힘들 줄 몰랐어요.

"그다음은 동영상을 편집해야겠지?"

채현이는 아까 너튜브에서 본 동영상 편집 애플리케이션을 내려받았어요. 여러 동영상 편집 애플리케이션 중 구독자가 15만 명이나 되는 너튜버의 추천을 믿고 이 애플리케이션을 선택했죠.

"내려받고 열두 시간까지만 공짜고, 그 뒤에는 유료로 바뀐다고? 뭐 이런 비싼 애플리케이션을 추천해?"

채현이는 살짝 당황했지만, 이럴 시간이 없어요. 무료 이용 시간 안에 편집을 마쳐야 하니까요. 그 너튜버 말로는 이 애플리케이션이 가장 쉽다고 했거든요. 채현이는 식탁 의자에 앉아 스마트폰으로 동영상 편집을 시작했어요.

"여기에 아까 촬영한 파일을 올리고, 이 부분은 필요 없으니까 삭제하고. 생각보다 쉽네! 여기에 자막을 넣는 거구나."

채현이는 요리한 장면을 편집해 1분 20초짜리 동영상을 만들었어요. 중간에 이어 붙이기가 매끄럽지 않아 2초 정도 까맣게 나오는 부분도 있지만, 일단 완성이에요. 동영상 한 장면을 섬네일˙로 정하고 예쁜 서체를 골라 '요리조리 채현쿡'이라는 제목도 넣었어요. 스마트폰에 저장되어 있던 음악 중 하나를 배경 음악으로 깔았어요. 그러고는 예전에 엄마와 함께 만들었던 너튜브 계정에 동영상을 올렸어요.

"드디어 채현쿡 첫 동영상 탑재!"

채현이는 너무 기뻐 깡충깡충 뛰면서 손뼉을 쳤어요. 짧은 시간에 혼자 동영상을 촬영하고 편집까지 끝내다니, 무척 감격스러웠어요.

"동영상 만드는 거 너무 재밌다! 나의 미래 직업은 너튜버! 세계적인 요리 너튜버 유채현!"

베란다 쪽을 보니 어느새 어둠이 찾아오고 있었어요. 그때 현관 잠금장치 누르는 소리가 났어요. 엄마였어요.

"아참!"

동영상 편집하느라 잊었던 엉망진창 부엌이 눈에 들어왔어요. 불

섬네일 페이지 전체를 작게 줄여 만든 화면.

이 켜진 부엌으로 다가온 엄마는 단번에 소리를 높였어요.

"아니, 이게 다 뭐야? 채현이 너 여기서 뭘 한 거야? 먹으라는 저녁은 먹지도 않고!"

"아, 그…… 쪽파 크림치즈 만들고 치우려고 했는데 시간이 없어서……."

채현이가 말을 잇지 못하고 엄마 눈치를 살필 때, 채현이 스마트폰에 메시지가 떴어요.

"채현쿡 님의 동영상은 음악과 폰트 저작권을 침해하였으므로 더 이상 볼 수 없습니다."

"뭐라고? 이게 무슨 말이야?"

채현이는 깜짝 놀라 너튜브를 열었어요. 그새 채현이가 올린 동영상이 사라지고, 화면은 까맣게 변해 있었어요.

"안 돼! 내 너튜브!"

채현이가 오후 내내 들였던 노력이 물거품처럼 사라졌어요. 채현이는 눈물이 쏟아질 것 같은 표정으로 화난 엄마 얼굴과 까만 너튜브 화면을 번갈아 쳐다보았어요.

생각해 봅시다

학교도, 학원도 안 가고 너튜브를 한다고?

너튜버 보하는 학교도 종종 결석하고, 학원도 그만두고, 너튜브 동영상 만들기에 집중하고 있어요. 초등학생이지만 너튜브로 돈을 벌고 유명해졌지요. 이것은 경제적인 선택일까요?

채현: 너튜브로 돈을 버는 것도 좋지만, 영어와 수학 등 앞으로 살아가는 데 꼭 필요한 공부는 해야 하지 않을까요? 지금 학교나 학원에서 배운 지식으로 어른이 되었을 때 너튜버보다 더 많은 돈을 벌 수도 있잖아요. 초등학생 때는 공부에 집중하는 것이 나은 선택이라고 생각해요.

예은: 너튜브로 돈을 버니까 당연히 그래야죠. 돈 벌기가 어디 쉽나요? 구독자 수를 유지하고, 조회 수를 늘리려면 영상을 자주 올려야 해요. 그러려면 학교나 학원보다 너튜브에 집중하는 것이 경제적인 선택이에요. 더 잘하고, 가치 있는 일에 투자해야죠.

유튜브 덕분에 누구나 방송국을 만들 수 있다고?

유튜브는 2005년 '동영상 콘텐츠를 전 세계 사람에게 무료로 제공하겠다'며 출발한, 세계 최대 규모의 동영상 플랫폼이에요. 처음에는 사용자가 그리 많지 않았어요. 그 시절에는 방송은 방송국에서만 할 수 있고, 방송을 하려면 돈이 많이 든다고 생각했거든요. 카메라, 마이크 등 비싼 장비가 필요하고 PD, 진행자 등도 있어야 하니까요.

무엇보다 2005년에는 스마트폰이나 태블릿 PC가 없었어요. 스티브 잡스가 아이폰을 세상에 내놓은 해가 2007년이에요. 유튜브를 보려면 집, 학교, 사무실에 앉아서 개인용 컴퓨터를 이용해야만 했지요.

스마트폰이 등장하면서 유튜브는 급격히 성장했어요. 스마트폰으로 촬영, 편집을 할 수 있으니까 전문 방송인이 아니어도 얼마든지 동영상을 만들 수 있었어요. 유튜브에 계정만 등록하면 콘텐츠 제작자, PD, 기자가 되어 1인 방송국을 운영할 수 있었지요.

콘텐츠만 좋으면 번역기를 이용해 전 세계에서 시청할 수 있고, 엄청난 성공을 거두기도 해요. 전 세계 사람들은 스마트폰을 들고 다니면서 언제, 어디서나 동영상을 봐요. 초고속 인터넷 서비스 기술도 발전하여 좋은 화질의 영상을 끊김 없이 볼 수 있고요.

이런 환경 덕분에 유튜브를 보는 사람, 유튜브에 콘텐츠를 만들어 올리는 사람이 폭발적으로 늘었어요. 이용자가 늘어나니 유튜브에 광고하고 싶어 하는 기업도 증가하면서 오늘날 세계 최대의 동영상 플랫폼으로 자리 잡은 거예요.

유튜브가 광고비를 받는다고?

유튜브의 본질은 광고예요. '유튜브=광고'라고 해도 지나친 말이 아니에요. 구글이 소유한 유튜브는 자신들의 동영상 플랫폼에서 광고를 틀어 주는 대가로 기업에서 돈을 받아 이익을 얻어요.

유튜브는 동영상 앞, 뒤, 중간에 광고를 붙여요. 동영상을 보려면 반드시 광고를 봐야 하지요. 그러니까 광고를 보는 조건으로 동영상을 무료로 보는 거예요. 매월 돈을 내는 대신 광고를 보지 않는 '유튜브 프리미엄'이라는 서비스도 있어요. 이것의 기준도 광고예요. "광고를 보지 않으려면 돈을 내고 동영상을 보세요"라는 뜻이랍니다.

유튜브는 광고를 본 사람의 수, 시간 등을 계산해서 광고비를 채널 운영자와 나눠 가져요. 동영상을 보는 사람이 많고, 동영상을 보는 시간이 길수록 광고가 많이 붙고, 수익도 더 많이 올릴 수 있죠. 그러다 보니 일부 유튜버는 조회 수를 올리기 위해 자극적인 제목을 달거나, 논란을 일으킬 만한 섬네일을 띄워 놓아요. 중요한 내용이 뒤쪽에 나오도록 해서 구독자를 붙잡아 놓기도 해요. 동영상 시청 시간을 늘려서 광고를 많이 붙이려는 목적이지요.

유튜브로 돈을 버는 가장 직접적인 방법은 동영상을 올리고, 광고비를 받는 거예요. 유튜브는 채널 운영자와 광고비를 나누어 갖는 제도로 큰 성공을 거두었어요. 인기 동영상을 올리면 돈을 벌 수 있다는 기대에 많은 사람이 유튜브에 채널을 개설했지요. 이 덕분에 유튜브 이용자가 늘고, 광고를 주겠다는 기업이 많아져 사업 성장을 이루었답니다. 현재 유튜브에서는 구독자 1,000명, 연간 시청 4,000시간 이상이면 광고가 붙어 수익이 발생해요.

2023년, 한 기업이 4,000여 명의 어린이들에게 '미래에 어떤 직업이 유망할 것이라 예상하는가?'라고 물었어요. 이 질문에 어린이들은 1위 연예인, 2위 로봇공학자라고 대답했어요. 3위는 유튜버, 4위가 의사였고요. 유튜버는 어린이들이 꿈꾸는 미래 직업이자, 연예인이나 의사와 어깨를 나란히 할 정도로 인기 있는 직업이에요.

우리가 움직이는 공간마다 광고가 있다고?

광고는 상품을 사게 만들 목적으로 각종 매체를 이용해 상품을 소비자에게 널리 알리는 일이에요. 산업 혁명 이후, 미국에서 자동차를 대량 생산하면서 광고 산업이 크게 발전했어요. 상품을 많이 팔 목적으로 광고를 적극 활용한 것이지요.

이번에 A 전자에서 흰구름세탁기를 개발했어요. A 전자는 B 광고 대행사에 의뢰해서 흰구름세탁기의 장점을 알리는 광고를 제작해요. 이 광고에는 유명 배우 C가 출연했어요. A 전자는 흰구름세탁기 광고를 D 방송사에 보내서 아홉 시 뉴스 시작 전에 틀었어요. 광고를 본 소비자들이 흰구름세탁기를 구매해요. A 전자는 흰구름세탁기를 판매해 번 돈으로 B 광고대행사에 제작비를 주고, C 배우에게 출연료를 주고, D 방송사에 매체 사용료를 줘요. 흰구름세탁기 판매를 위한 광고로 A, B, C, D 모두 돈을 벌었어요. 그래서 광고를 '자본주의의 꽃'이라고도 해요. 광고 덕분에 상품 판매가 늘고, 그 돈으로 다시 새로운 상품을 개발하면서 산업 발전을 이루었기 때문이에요.

현대인은 광고의 홍수 속에 살아요. TV, 라디오, 신문 등 전통적 광고 이외에도 우리 주변에 광고는 많아요. 거리를 지날 때 건물 위에 보이는 간판이나 전광판은 건물주에게 돈을 주는 옥외 광고예요. 드라마에서 주인공이 사용하는 스마트폰은 무의식 속에 상품 이미지를 심어 주려는 PPL(Product Placement) 광고예요. 정치인이 선거에 출마하여

국민에게 자신을 찍어 달라고 부탁하는 현수막이나 벽보도 정치 광고예요.

IT 시대, 정보화 시대가 되면서 광고의 힘은 더욱 막강해졌어요. 매체가 늘고, 각종 플랫폼이 생기면서 광고할 공간이 늘어났기 때문이에요. 구글, 페이스북, 인스타그램, 네이버, 카카오 등 IT 기업은 광고에서 가장 큰 수익이 발생해요. 오죽하면 어느 광고 전문가는 "우리가 숨 쉬는 공기는 산소와 질소, 그리고 광고로 구성되어 있다"라고 말했을 정도예요.

광고에도 '앞광고'와 '뒷광고'가 있다고?

광고가 넘쳐 나니 소비자들은 슬슬 피곤해져요. 장점만 부각하는 광고, 과장된 광고를 믿지 못해요. 소비자는 광고를 외면하고, 광고를 건너뛰고 싶어 해요. 기업에서 아무리 창의적이고 재미있는 광고를 만들어도 효과가 떨어져요.

이에 대한 대안으로 등장한 방식이 소위 '뒷광고'예요. 광고가 아닌 것처럼 제품을 보여 주지만, 뒤로는 돈이나 물건을 받고 하는 광고 행위에 조롱과 비난을 섞은 말이지요. 뒷광고와 구분하기 위해 직접적인 광고를 우스갯소리처럼 '앞광고'라고 부르기도 해요.

유튜브는 이런 앞광고와 뒷광고가 넘쳐 나는 광고판이에요. 공식적인 광고는 유튜브 동영상 앞, 뒤, 중간에 붙어요. 요즘은 금전적 거래가 있는 동영상에는 '유료 광고 포함'이라고 표기해요.

유튜브에서 많이 사용하는 유료 광고 방식은 '협찬'이에요. 협찬은 '어떤 일에 재정적 도움을 준다'는 뜻이에요. 구독자 수가 많은 인기 유튜버일수록 협찬을 많이 받아요. 예를 들면 진달래패션회사가 패션 유튜버 은하수에게 돈이나 제품을 주는 것이 '협찬'이에요. 협찬받은 은하수는 진달래패션의 봄 신상품을 입은 동영상을 제작해 유튜브에 올려요. 패션 유튜버 은하수가 제작한 동영상은 진달래패션회사가 직접 제작하지 않았을 뿐 결국 광고예요. 진달래패션회사에서 돈을 받은 대가로 신상품을 소개했으니까요.

문제는 광고임을 표시하지 않아 일반인이 구별하기 어려운 '뒷광고'예요. 유튜버가 제품 사용 대가로 돈이나 상품을 받았으면서 '내돈내

산(내 돈으로 내가 산)'이라며 제품을 소개해요. 생활 브이로그˙에 그 제품을 쓰는 모습을 보여 주며 광고가 아닌 척, 진짜 좋아서 사용한 척 몰래 뒷광고를 하는 거예요. 유튜버와 구독자는 동영상과 댓글로 소통하면서 믿음을 쌓는 관계예요. 구독자는 유튜버가 하는 말을 진실이라고 믿죠. 유튜버가 "내가 사서 써 보니 진짜 좋은 제품"이라고 추천하면, 유튜버를 신뢰하며 그 제품을 사요. 이런 식의 광고는 유튜버가 구독자와의 신뢰를 이용해 광고하는 행위예요.

유튜버만 믿고 물건을 샀다가 품질이 나쁘거나, 바가지를 썼다는 이야기가 꽤 있어요. 이런 일을 당하지 않으려면 직접 제품을 검색해 보고, 가격을 비교해 보고, 신중하게 판단한 뒤에 물건을 사는 수밖에 없어요.

유튜브를 보면 시간 가는 줄 모른다고?

한 시장 조사 전문 기관에 따르면 2023년, 유튜브는 대한민국 국민이 가장 오랫동안 사용한 애플리케이션이에요. 월평균 40시간 가량을 유튜브 보는 데 사용했지요.

유튜브는 한번 보기 시작하면 시간 가는 줄 몰라요. 관심 있는 영상

브이로그(vlog) '비디오(video)'와 '블로그(blog)'의 합성어로, 자신의 일상을 동영상으로 촬영한 영상 콘텐츠.

하나를 보면 비슷한 영상이 계속 나타나서 멈추기가 힘들어요. 이는 '유튜브 알고리즘' 때문이에요. 알고리즘이란 어떤 문제를 해결하기 위한 절차, 방법, 명령어 들을 말해요. 유튜브 알고리즘은 시청 지속 시간, 이용자의 흥미 등 여러 요소를 고려해 이용자가 관심 가질 만한 영상을 AI가 추천해 주는 거예요.

시청자는 보고 싶지 않은 영상이면 엄지손가락이 아래쪽으로 향한 아이콘을 눌러요. 그러면 유튜브 AI는 '이 시청자는 이런 동영상을 싫어한다'고 인식하고, 이 주제를 알고리즘에서 빼 버려요. 시청자가 계속 유튜브에 머물도록 관심 있는 콘텐츠만 보여 주지요. 유튜브를 한번 보면 헤어 나오지 못하는 건 여러분 탓이 아니에요. 여러분의 관심을 기억한 유튜브 알고리즘 AI가 '열일' 하고 있기 때문이에요.

유튜브로 부자가 되고 싶다고?

유튜브 세계에서는 나이나 경력이 중요하지 않아요. 2018년부터 2020년까지 3년 연속 세계에서 가장 돈을 많이 번 유튜버는 미국의 라이언이라는 어린이예요. 라이언은 세 살 때 장난감을 가지고 노는 콘텐츠(Ryan Toys Review)를 유튜브에 올려 큰 인기를 끌었어요. 2024년 기준, 구독자가 3,700만여 명이고, 한 해 수입이 300억 원이 넘는대요.

유튜브로 돈을 벌려면 먼저 광고가 붙어야 해요. 하지만 광고 수익 기준인 구독자 1,000명, 연간 4,000시간 시청을 채우는 게 쉬운 일이 아니에요. 유튜브 채널을 개설해 놓고 보면, 구독자 100명 모으기도 쉽지 않거든요. 영상 시청 4,000시간 달성은 더욱 어려워요. 유튜브 시청자들은 영상을 보다 재미가 없으면 끄고 다른 영상으로 가 버린대요. 그래서 유튜브 진행자가 영상을 끝까지 봐 달라고 부탁하고, '구독'과 '좋아요'를 눌러 달라고 사정하는 거예요.

 돈을 잘 버는 유튜버는 전체의 1퍼센트에 지나지 않는다고 해요. 나머지 유튜버는 한 달에 100만 원도 벌기 힘들고요. 새로운 영상을 일주일에 1~2회씩 올리기 위해서는 한 달 내내 유튜브에 매달려야 해요. 내용을 기획하고, 촬영하고, 편집하는 데 드는 시간이 만만치 않거든요. 2022년 기준, 우리나라에서는 한 가구(1~4인 기준)당 소득이 매월

최소 247만 원은 되어야 일상을 유지할 수 있어요. 유튜브를 운영해 월 100만 원 이하를 번다면 최소한의 생활을 유지할 수 없다는 계산이에요.

성공한 유튜버가 되려면 정기적으로, 꾸준히 새 영상을 올려야 해요. 영상을 올리지 않으면 쉽게 잊히고 구독 취소로 이어져요. 유튜브 알고리즘은 새로운 영상 위주로 추천한다고 알려져 있어요. 인기를 유지하려면 끊임없이 새로운 영상을 올려야 구독자를 붙잡아 둘 수 있어요. 미국의 쌍둥이 이선 돌런과 그레이슨 돌런은 10대 코미디 유튜버예요. 구독자가 1,000만 명이 넘어요. 이 형제는 어느 날 "정신 건강을 위해 동영상 업로드 횟수를 줄이겠다"라고 선언했어요. 유튜브가 인기를 끌자 "구독자에게 외면당할지 모른다는 두려움에 사로잡혀 있었다. 동영상을 제작하느라 5년 동안 엄마를 보러 가지도 못했다"라고 했어요.

좋아하는 일을 하면서 돈도 많이 버는 유튜버가 되고 싶다고요? 유튜버로 성공하기는 어렵지만, 성공을 유지하기는 더욱 어렵답니다.

새벽 배송과 유통

새벽에 집 앞까지 신선식품을 가져다준다고?

"엄마, 스마트폰 좀 쓸게요!"

"또 헬로마켓에서 쇼핑하게?"

"헤헤헤."

윤서는 웃으면서 식탁 위에 놓여 있던 엄마 스마트폰을 들고 의자에 앉았어요. 저녁밥을 준비하던 엄마가 윤서를 돌아보며 말했어요.

"꼭 먹을 거만 장바구니에 담아. 지난번에 복숭아 젤리 사 놓고 맛없다고 한 개 먹고 말았지? 엄마가 그거 처리하느라 엄청 힘들었어."

"알았어요. 그런데 헬로마켓에 올라온 사진을 보면 다 맛있어 보인단 말이에요."

엄마와 말하면서도 윤서의 시선은 스마트폰에 가 있었어요.

"일단 눈꽃 치즈 국물 떡볶이 하나 담고. 초콜릿 무스케이크가 새로 나왔네? 이건 한번 먹어 봐야지!"

윤서는 능숙하게 장바구니를 채워 갔어요. 이렇게 먹고 싶은 걸 장바구니에 담아 놓으면 엄마가 결제해요. 오늘은 뉴욕 딥 피쉬 피자, 새로 나왔다는 뜻의 'NEW'가 붙은 프리미엄 수제 팝콘을 담았어요.

그때 누군가 윤서네 집 초인종을 눌렀어요. 부엌에 있던 엄마가 현관으로 나갔어요.

"어머, 오셨어요?"

"주문하신 탄산수 한 상자, 두루마리 휴지 열여덟 개짜리 한 팩, 쌀 10킬로그램 한 포대 가져왔습니다."

오복슈퍼 아저씨였어요. 오복슈퍼는 윤서네 집 앞 상가에 있는 낡고 비좁은 슈퍼예요.

"이 무거운 걸 엘리베이터 없는 빌라 4층까지 배달해 주시다니, 너무 감사해요."

"이렇게라도 안 하면 e-커머스와 경쟁할 수가 없어요. 배달 없었으면 아마 오복슈퍼는 진작에 문 닫았을 거예요."

"전자 상거래* 하는 온라인 업체들 말씀이지요? 요즘은 다 스마트폰으로 편리하게 주문하니까……. 안 그래도 오복슈퍼 그만하려고

전자 상거래 인터넷을 통해 물건을 사고파는 행위.

가게 내놓으셨다는 말 들었어요."

"요즘 소비자들은 물건을 집 앞까지 가져다주는 새벽 배송 서비스를 이용하니, 우리 같은 동네 슈퍼들이 버티기 힘들어요. 온라인 주문이 어려운 어르신도 이용할 수 있는 동네 상권도 살아야 하는데 말이에요."

엄마와 오복슈퍼 아저씨가 이야기를 나누는 사이, 윤서는 오복슈퍼 아저씨가 가져온 상자를 열었어요.

"어? 이거, 내가 주문한 탄산수가 아니잖아요? 나는 파인애플 향 탄산수 좋아하는데, 아무것도 안 들어 있는 플레인 탄산수네요?"

엄마와 오복슈퍼 아저씨는 말을 멈추고 윤서 앞에 놓인 상자를 내려다보았어요. 엄마는 윤서에게 타이르듯 말했어요.

"탄산수가 다 똑같지 뭐. 꼭 파인애플 탄산수만 먹어야 해?"

"파인애플 향 탄산수가 확실히 더 맛있단 말이에요."

오복슈퍼 아저씨는 상자에 적힌 '플레인'이라는 글자를 확인하고는 말했어요.

"허허. 미안하구나, 윤서야. 동네 슈퍼는 가게와 창고가 좁으니까 다양한 물건을 갖추기 힘들어. 온라인 업체들이야 물류 창고가 넓으니 물건 종류도 다양하겠지. 오복슈퍼에는 플레인밖에 없어서 당연히 이건 줄 알고 가져왔어. 싫으면 도로 가져가고 반품해 줄까?"

엄마가 아무 일 아니라는 듯 아저씨에게 말했어요.

"반품은요! 이걸 들고 여기까지 올라오셨는데. 저희가 엘리베이터 없는 빌라 4층이라 택배 배송 기사 분들이나 배달해 주시는 분들에게 늘 고맙고 죄송하다니까요."

오복슈퍼 아저씨가 윤서를 보며 말했어요.

"윤서야, 이거 먹어라! 아저씨가 미안하니까 주는 선물이야."

아저씨는 주머니에서 막대 사탕 하나를 꺼내 윤서에게 주었어요. 그러더니 엄마와 인사를 나누고 돌아갔어요.

"칫, 요즘 누가 이런 거 좋아한다고!"

"왜? 너 예전에 그 막대 사탕 좋아했잖아."

"그건 오복슈퍼에서 제일 맛있는 거였으니까 그랬지요. 지금 헬로마켓에 새롭고 신기한 게 얼마나 많은데 이런 걸 먹어요? 참, 헬로마켓 장바구니에 '믹스드 후르츠 젤리' 넣어 놓았어요. 후기가 진짜 좋아요."

윤서는 막대 사탕을 식탁 위에 던지듯 올려놓고, 옆에 있던 스마트폰을 집어 엄마에게 내밀었어요. '결제하세요'라는 뜻을 담아서요. 엄마는 어이없어 하면서도, '결제'를 눌렀어요.

밤이 되자 하늘에서 천둥 번개가 내리치면서 장대비가 쏟아졌어요. 윤서는 빗소리를 들으며 누워서 동영상을 보고 있었어요. 그때 윤서의 스마트폰에 같은 반 친구 혜승이의 메시지와 식빵 사진이 올라왔어요.

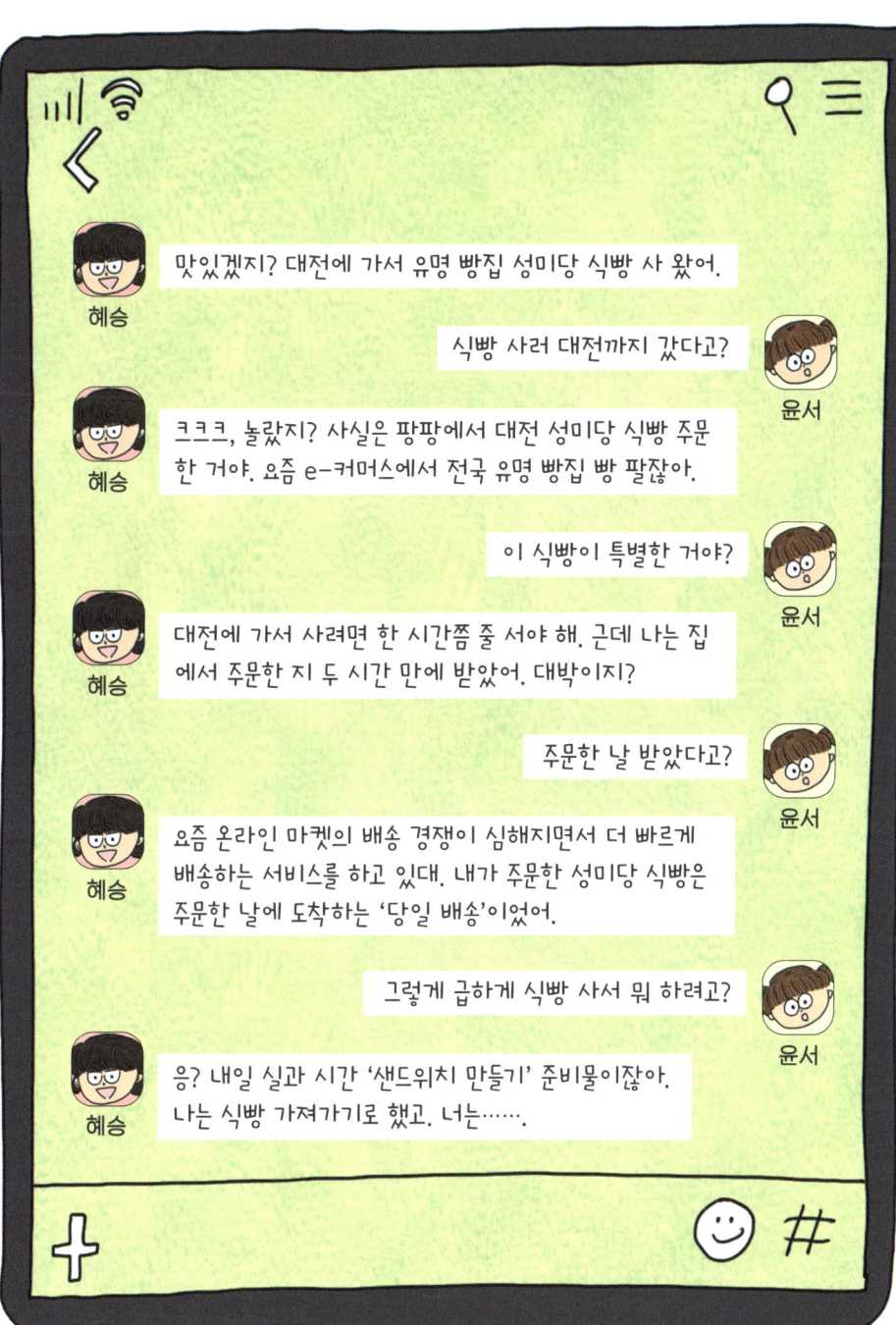

"엄마!"

윤서는 혜민이와의 대화를 멈추고 침대에서 벌떡 일어나 큰 소리로 엄마를 부르며 거실로 나갔어요.

"왜? 무슨 일이야?"

"엄마, 어떻게 하지? 내일 실과 시간에 샌드위치 만들기 실습하거든. 내가 오이랑 네모난 햄 가져가기로 했는데 깜빡 잊어버렸어."

"뭐? 그걸 왜 이제야 말해?"

"지금 기억났어……. 냉장고에 오이랑 햄 없어?"

"없어. 엊그제 다 쓰고 당장 필요 없어서 사 놓지 않았지."

엄마는 시계를 보더니 윤서에게 말했어요.

"지금이 10시 30분이네. 대형 마트는 문을 닫았고, 편의점에서는 오이를 안 팔고……. 얼른 새벽 배송 주문하자. 우리 집은 인구가 많은 공동 주택 지역이어서 밤 11시까지 주문하면 내일 아침 7시에 도착하는 '새벽 배송 가능 지역'이야. 지금 주문하면 내일 학교에 가져갈 수 있을 거야."

"휴…… 다행이다. 역시 헬로마켓이 최고라니까!"

윤서는 가슴을 쓸어내리며 마음을 놓았어요. 모둠 친구들이 며칠 전부터 샌드위치 만들 기대에 부풀어 있었는데 그걸 깜빡 잊다니! 헬로마켓에서 주문을 마친 윤서는 편안한 마음으로 잠이 들었어요.

다음 날 아침, 윤서는 평소보다 일찍 일어났어요. 밖에는 여전히 비가 억수같이 퍼붓고 있었어요. 윤서는 현관문을 열고 나가서 새벽 배송 상자를 확인했지만, 아무것도 없었어요.

"엄마! 헬로마켓 새벽 배송 물건 엄마가 가져갔어요?"

안방에서 나오던 엄마는 고개를 가로저었어요.

"이상하다? 7시 30분이면 벌써 도착했을 시간인데? 무슨 일이지?"

엄마는 스마트폰을 열어 메시지를 확인했어요.

"어머! 윤서야, 어떻게 하지? 어젯밤에 비가 너무 많이 내려서 헬로마켓 주차장에 물이 들어찼나 봐. 헬로마켓 직원들이 밤에 출근할 때 이용하는 버스랑 배송하는 트럭이 물에 잠겨서 주문을 처리하지 못했대."

"새벽 배송 하는 데 그렇게 많은 사람이 일해요? 그냥 로봇이 자

동으로 해 주는 거 아니에요?"

스마트폰을 보며 말하던 엄마는 윤서에게 시선을 돌렸어요.

"소비자가 누리는 새벽 배송의 편리함 뒤에는 수많은 노동자가 밤새워 포장하고, 배송해 주는 노력이 숨어 있는 거야."

윤서는 재료가 부족한 자기네 모둠의 샌드위치를 생각하니 마음이 무거웠어요. 햄과 오이를 준비하지 못한 자기를 바라볼 모둠 친구들의 날카로운 시선이 생각만 해도 따가웠어요. 윤서는 원망스러운 듯 비가 쏟아지는 하늘을 올려다보았어요. 그때 엄마의 스마트폰에 새로운 메시지가 떴어요. 윤서는 엄마 대신 메시지를 열었어요.

안녕하세요? 헬로마켓입니다. 오늘 공급하지 못한 상품은 차량과 직원이 준비되는 대로 보내 드리겠습니다. 혹시 주문을 취소하실 분은 고객 센터로 연락 바랍니다.

헬로마켓은 친절했지만, 윤서의 마음은 비 내리는 하늘처럼 어두웠어요.

생각해 봅시다
날씨와 새벽 배송이 상관있다고?

윤서는 학교에 가져갈 네모난 햄과 오이를 새벽 배송 서비스로 주문했어요. 하지만 다음 날 비가 많이 와서 배송받지 못했지요. 비나 눈이 많이 내리는 등 날씨가 좋지 않을 때 새벽 배송으로 상품을 주문하는 게 노동자와 배송 기사들에게 도움이 되는 일일까요?

윤서

> 비가 오거나 눈이 내리면 길이 미끄러워서 운전이 힘들대요. 상자를 나르기도 어렵고요. 너무 더운 날, 너무 추운 날, 비가 많이 내리는 날은 배송 기사의 안전을 위해 주문을 줄이거나 다음으로 미루는 게 좋을 거 같아요.

혜승

> 노동자와 배송 기사는 일한 만큼 돈을 벌어요. 눈이나 비가 많이 왔다고 주문하지 않으면, 그들은 그날 돈을 벌지 못해요. 배송비에 그들에게 지급하는 비용도 들어 있잖아요. 날씨와 상관없이 많이 주문하는 게 그들에게 도움이 될 거예요.

새벽 배송 서비스가 뭘까?

신선식품, 냉장 식품을 저녁에 주문하면 물류 창고에서 직접 포장·발송하여 다음 날 새벽에 소비자의 집 앞으로 가져다주는 서비스예요. 소비자가 시간과 노동력을 적게 쓰고 신선한 식품을 이른 아침에 받아 볼 수 있다는 것이 최대 장점이에요. 밤 열 시에 주문한 콩나물과 두부로 다음 날 아침에 콩나물국을 끓여 식사할 수 있지요. 2015년 한 업체에서 처음 시작했고, 이후 대형 마트, 식품 회사, 백화점 등이 뛰어들면서 시장이 커졌어요.

새벽 배송 서비스는 주문 받은 후 짧은 시간 안에 포장하여 발송하기 때문에 서비스 지역을 서울, 경기, 인천 등 수도권이나 부산, 울산처럼 인구 밀집 지역에 한정하는 경우가 많아요. 배달할 곳이 너무 멀리 떨어져 있으면 효율이 떨어지기 때문이에요. 예를 들어 해님아파트 단지에서 하루에 열 건 주문하고, 배송 기사는 배달 한 건당 5,000원을 받는다고 가정해 보아요. 배송 기사는 해님아파트 단지에 물건을 싣고 가서 하룻밤에 열 개의 집에 배송하고, 5만 원을 벌 수 있어요. 만약 10킬로미터씩 떨어진 열 곳에서 주문이 들어오면 배송 후 다음 장소까지 이동 거리가 멀어 하룻밤에 열 건을 다 배송하기 어려울 수 있어요. 이동에 들어가는 기름값과 시간을 고려하면 똑같이 5만 원을 번다고 해도 실제 이익이 적어요.

그래서 새벽 배송은 주로 고객들이 모여 사는 인구 밀집 지역, 거주

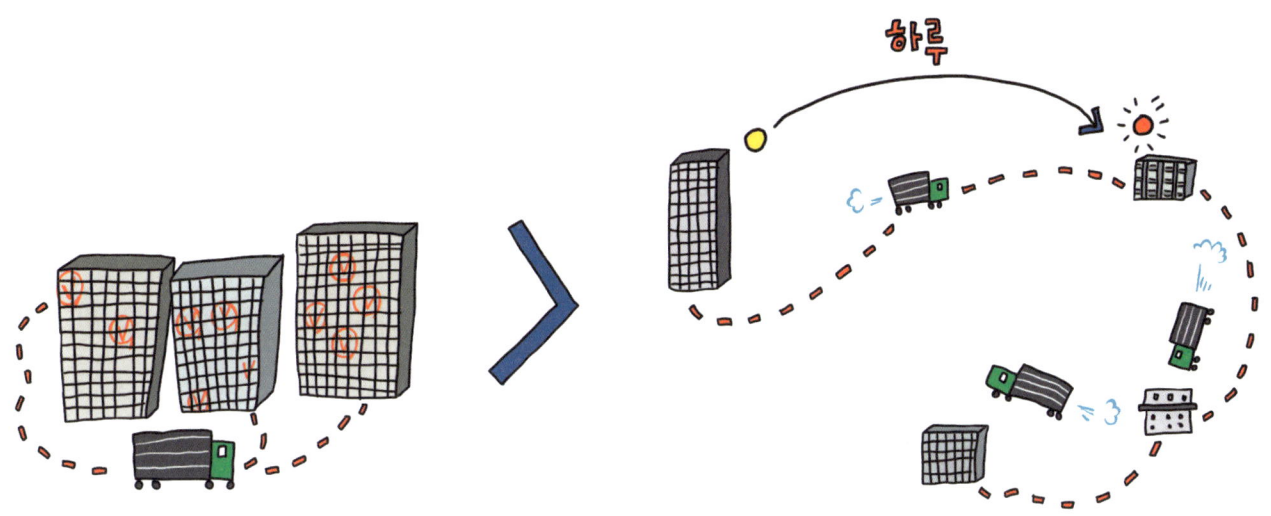

밀집 지역에서 서비스하는 거예요. 필요한 경우에는 지역에 따라 마감 시간, 배송 시간, 배송 방법을 다르게 조정해서 서비스하기도 해요. 최근에는 새벽 배송 이용자가 늘고, 시장이 커지면서 신선식품, 냉장 식품뿐 아니라 생활용품, 전자 제품, 화장품, 가구 등으로 배송 품목을 넓히고 있어요.

대형 마트의 시대가 저물고 새벽 배송의 시대가 왔다고?

대형 마트의 매출˙과 이익˙은 점점 줄고 있어요. 아예 폐점하는 매장도 늘고 있고요. 소비자들이 식료품이나 신선식품을 사는 방식이 대

매출 기업이 제품이나 서비스를 판매하고 얻은 수익.
이익 매출에서 물건을 만들고, 판매할 때 사용한 금액을 제외한 금액.

형 마트에서 온라인 유통으로, 다시 새벽 배송으로 옮겨 가고 있기 때문이에요.

대형 마트는 차를 몰고 가서 가족이 일주일 동안 먹을 식료품을 사서 냉장고에 쌓아 놓고 먹는 생활 방식을 자리 잡게 했어요. 대형 마트가 증가하면서 각 가정의 냉장고가 대형화했다는 분석이 있을 정도였지요. 물건을 대량으로 사고, 1+1 서비스를 해 주는 대형 마트의 판매 방식은 4인 이상으로 이루어진 가정에 유용했어요.

현재 우리나라는 출생률이 떨어지고, 1인 가구가 늘고 있어요. 혼자 사는 사람들은 요리할 시간도 공간도 부족해요. 간단히 먹되 영양분은 보충하고 싶어 하고요. 그래서 물을 넣고 끓이기만 하면 조리가 끝나는 밀키트, 전자레인지에 데우기만 하면 한 끼를 해결할 수 있는 냉동식품이 인기예요.

새벽 배송 업체들은 한두 명이 먹기에 적합하도록 상품을 소규모로 포장해서 팔아요. 맛있으면서도 시간과 노동력을 줄일 수 있는 가정 편의식 개발에 집중해요. 이런 식품을 집 앞까지 편리하게 배달해 주고요. 출생률 감소, 1인 가구 증가 같은 사회적 변화가 대형 마트의 시대에서 새벽 배송 서비스를 보편화시키는 거예요.

예전에는 대형 마트에 갈 시간도 여의찮은 사람들이 e-커머스를 이용했어요. 필요한 상품을 온라인으로 주문하면, 업체에서 택배로 보내 주는 방식이지요. 소비자가 주문한 물건을 택배로 받아 보려면 보통

1박 2일에서 2박 3일 정도가 걸려요. 채소, 과일, 생선, 고기 같은 신선식품을 주문하기 어려운 이유였죠. 그래서 온라인 쇼핑에서 가장 부진했던 분야가 신선식품이었어요.

새벽 배송 업체들은 바로 이 문제를 해결했어요. 저녁에 주문한 신선식품을 냉장차에 실어 다음 날 새벽 배송, 당일 배송으로 가져다주었어요. 신선식품을 믿고 주문할 수 있다는 소비자의 신뢰가 커지면서 새벽 배송이 온라인 유통을 대체하기 시작했어요.

지금의 흐름대로라면 대형 마트의 화려한 시대는 저물고, 소비자의 상황과 취향에 맞춰 식료품을 배달해 주는 새벽 배송은 더욱 성장할 거예요.

새벽 배송 서비스 덕분에 코로나19를 이겨 냈다고?

코로나19가 전 세계를 휩쓸었을 때, 텅 빈 미국의 한 대형 마트 매장 사진이 화제가 되었어요. 미국 정부가 국가비상사태를 선포하자, 미국인들이 '사재기*'를 한 거예요. 영국, 일본 등 선진국들도 사정은 비슷했어요.

똑같이 코로나19를 겪으면서도 대한민국에서는 사재기가 거의 일

사재기 당장 필요하지 않아도 물건값이 오르거나, 물건이 없어질 것을 예상해 필요 이상으로 사 두는 행동.

어나지 않았어요. 한국에서 사재기가 일어나지 않은 이유는 국민의 성숙한 대응 덕분이었어요. 위기 상황일수록 질서를 지킨다는 생각으로 사재기하지 않았지요. 그보다 더 현실적인 이유로는 새벽 배송 덕분이라는 분석이 있어요. 대다수 한국인은 "매장에 가지 않고도 스마트폰으로 물건을 주문하면 다음 날 새벽 집 앞으로 가져다주는데, 굳이 당장 필요하지 않은 물건을 사재기할 필요가 있나?"라고 생각했다는 거예요.

새벽 배송은 코로나19 대유행을 겪으면서 엄청나게 성장했어요. 사람들이 대형 마트나 백화점에 가기 어려운 상황에서 비대면으로, 집 앞까지 물건을 배달해 주는 새벽 배송 서비스를 자주 이용했기 때문이에요. 새벽 배송 시장의 규모는 2018년과 비교해 코로나19 대유행을 겪은 2022년, 열 배 가까이 성장했어요.

새벽 배송 회사에 '빅데이터 전문가'가 있다고?

새벽 배송은 넓은 창고에 물건을 모아 놓고, 주문이 들어오면 포장한 후 냉장차에 실어 보내는 방식이에요. 새벽에 빠르게 배송하려면 고객이 주문한 물건이 늘 창고에 있어야 해요. 그런데 이 '재고'를 예상하는 것이 무척 어려워요. 창고에 상품을 많이 두면 품절 없이 주문을 처리할 수 있으나 비용이 많이 들어요. 상품을 보관할 창고가 넓어야 하고,

팔리지 않으면 손해를 떠안아야 하니까요. 보유 상품이 너무 적어도 문제예요. 품절이 잦으면 고객의 신뢰를 잃고 매출이 떨어지거든요.

새벽 배송 업체들은 '고객이 얼마나 주문할까?'를 예측하여 '고객 주문 양과 딱 맞는 재고 확보'를 위해 엄청난 노력을 기울여요. 예전에는 사람의 감각에 의존해 재고를 예측했어요. "내일이 밸런타인데이니까 초콜릿이 잘 팔리겠지? 초콜릿 재고를 100개쯤 확보해야겠다" 같은 식이었죠.

요즘 새벽 배송 업체들은 AI 로봇을 이용한 빅데이터 분석으로 판매량을 예측해요. 소비자의 나이, 성향, 날씨, 시기 등을 고려하여 일간, 주간, 월간 단위로 상품 판매량을 분석해요. 크리스마스, 추석, 월드컵 경기일 같은 특별한 날인지, 마케팅 활동으로 판매량이 증가할 가능성이 있는지 등을 꼼꼼하게 분석하여 상품 주문량을 정하는 거예요.

주문량, 판매량 예측은 매출·이익에 직접적 영향을 주는 일이라 새벽 배송에서 무척 중요해요. 그래서 새벽 배송을 하는 유통 회사에는 '빅데이터 전문가'가 매우 활발하게 활동하고 있어요. 새벽 배송을 하는 한 업체는 빅데이터를 이용하여 주문량과 판매량을 맞추기 때문에 팔리지 않는 신선식품을 버리는 폐기율이 1퍼센트 미만이라고 밝혔어요. 3퍼센트 정도인 대형 마트의 폐기율과 비교하면 매우 낮은 수치예요.

새벽 배송이 한국에만 있는 서비스라고?

새벽 배송은 한국의 경제와 문화가 결합한 독특한 방식이라고 해도 과언이 아니에요. 우리나라는 세계가 인정하는 정보 통신 강국이에요. 국민 대다수가 컴퓨터, 스마트폰 사용에 익숙하고, 전국 어디를 가도 초고속 인터넷망이 깔려 있어요. 이런 인프라 덕분에 새벽 배송 서비스가 자리 잡을 수 있었어요.

우리나라는 전체 인구의 절반 이상이 서울, 경기, 인천에 살아요. 인구의 도시 집중화는 교통, 환경, 주택 문제를 일으켜요. 하지만 새벽 배송에서는 배송 거리가 짧아지는 장점으로 작용했어요. 아파트, 빌라, 다세대 주택 등 공동 주택이 수도권의 일반적인 거주 형태인 것도 새벽 배송의 발전에 도움이 되었어요. 집들이 촘촘하게 밀집해 있고, 대문 위치 등이 똑같아 배송을 쉽고 빠르게 끝낼 수 있거든요.

무엇보다 대한민국 국민은 무슨 일이든 빨리 처리하는 '빨리빨리' 문화에 익숙해요. 식료품이나 신선식품도 빨리 주문하고, 빨리 받아야 직성이 풀리죠. 이런 특성도 새벽 배송의 성장에 영향을 미쳤어요.

새벽 배송 뒤에 숨어 있는 노동자의 땀

아침에 집 앞에서 신선한 채소와 과일을 받아 볼 수 있는 편리함 이면에는 밤새도록 물건을 담고, 포장하고, 트럭에 싣고 온 노동자들의 땀이 숨어 있어요. 인간의 신체는 낮에 일하고 밤에 자도록 설계되어 있어요. 새벽 배송 노동자들은 인간이 마땅히 자야 할 시간인 밤에 노동하는 거예요. 새벽 배송이나 야간 배송 등 밤에 이루어지는 각종 노동은 그저 '낮에 일하는 것보다 조금 힘든 일' 정도가 아니에요. 세계보건기구 산하 국제암연구소(IARC)는 "야간 노동은 수면의 질을 떨어뜨리고, 피로와 같은 정신·사회적 건강에 영향을 미칠 뿐만 아니라 심혈관 질환 및 일부 암의 발생을 높인다"라고 발표했어요.

새벽 배송, 야간 배송 등 배송 경쟁으로 늘어난 물량을 처리하다가 배송 기사가 과로로 목숨을 잃은 사례도 여러 번 있었어요. 배송 기사들이 가장 힘들어하는 일이 여름날 윤서네처럼 엘리베이터 없는 고층까지 생수나 쌀을 배송하는 것이래요. 생수나 쌀을 등에 업어서 옮기고 나면 하늘이 노랗게 보인대요. 배송 서비스의 편리함은 누군가의 힘든 노동 덕분임을 잊지 말기로 해요.

환경 오염도 함께 배달하는 새벽 배송

신선함이 생명인 새벽 배송은 신선도를 유지하기 위해 포장재를 많이 써요. 스티로폼 상자에 신선식품을 비닐로 싸서, 보랭용 아이스팩을 함께 넣어 배송해요. 새벽 배송이 늘면서 쓰레기도 늘어났어요. 과대 포장에 대한 사회적 비난이 일자, 새벽 배송 업체들은 과대 포장을 줄이고, 친환경 포장재 사용을 늘리려고 노력했어요. 스티로폼 상자 대신 보랭 기능을 갖춘 종이 상자를 개발하거나, 미세 플라스틱이 들어간 젤형 아이스팩 대신 물을 얼린 아이스팩을 사용하는 방식이죠. 여러 번 사용할 수 있는 스티로폼 상자를 쓰거나 사용한 종이 상자를 가져가 소독 후 다시 사용하는 업체도 있어요.

이런 노력에도 불구하고, 새벽 배송의 과대 포장이 환경 오염을 부추기는 것은 사실이에요. 새벽 배송 업체는 친환경 포장재 개발에 더욱 힘쓰고, 소비자는 환경 오염을 최소화하려는 노력이 그 어느 때보다 절실해요.

'9'라는 숫자에 가격 할인 전략이 숨어 있다고?

쇼핑할 때 가격표에 39,900원, 19,900원, 9,990원 등이라고 적힌 경우를 자주 봤을 거예요. 미국의 마트에서도 9달러, 99달러 등 유독 '9'라는 숫자를 많이 사용해요. 10,000원, 20,000원처럼 끝자리가 '0'이면 계산하기도 편할 텐데, 왜 그럴까요?

끝자리를 홀수(단수)로 표시하여 소비자에게 제품이 저렴하다는 인식을 심어 주어 구매를 부추기는 것을 '단수 가격 전략'이라고 해요. 치킨을 30,000원에 팔 때보다 29,900원에 팔 때 훨씬 잘 팔려요. 불과 100원 차이인데 소비자는 그 차이를 더 크게 인식하기 때문이에요.

미국 콜로라도 주립대학 케네스 매닝과 데이비드 스프로트 교수가 밝혀낸 '왼쪽 자릿수 효과'라는 것도 있어요. 6,100원에서 3,000원으로 할인해 주는 것과 6,000원에서 2,900원으로 깎아 주는 것을 소비자는 전혀 다르게 받아들여요. 똑같이 3,100원을 할인하는데도, 가격표에 2,900원이라고 쓰인 쪽을 훨씬 큰 할인으로 느껴요. 가격표의 왼쪽 자릿수가 많이 변하면 소비자는 실제 변화 폭보다 그 차이를 더 크게 인식하는 거예요. 그래서 기업들은 제품을 할인할 때 왼쪽 자릿수가 크게 바뀌도록, '9' 자를 많이 넣어 가격을 조정해요.

반려동물과 가격

강아지는 상품이 아니라고?

학교에서 집으로 돌아가는 길, 진형이는 느리게 발걸음을 옮겼어요. 집에 가 봐야 아무도 없거든요. 엄마 아빠 모두 직장에 다니느라 밤늦게 들어와요. 천천히 걷고 있는 진형이 뒤쪽 어깨에 갑자기 사람이 올라타는 게 느껴졌어요. 간신히 무게를 버티며 고개를 돌리니 친구 현준이가 진형이 어깨에 매달려 있었어요.

"뭐야? 이 팔 풀어라. 무겁다!"

"뭘 생각하면서 가느라 불러도 못 듣냐?"

"나 불렀어? 왜?"

현준이는 진형이에게 어깨동무하며 사거리 쪽을 가리켰어요.

"저기 모퉁이에 형제 철물점 알지? 거기 얼마 전부터 공사하더니 강아지 파는 펫숍으로 바뀌었어. 같이 가 볼래?"

"정말?"

강아지라는 말에 진형이는 눈이 휘둥그레지고, 목소리가 커졌어요.

단숨에 달려 도착한 가게 간판에는 황금빛으로 '로열펫숍'이라고 쓰여 있었어요. 유리 벽 안을 들여다보니 강아지 10여 마리가 모여 있었어요. 잠을 자는 녀석, 공놀이를 하는 녀석, 사료를 먹는 녀석……. 너무나 귀여웠어요. 진형이는 넋을 잃고 강아지들을 바라보았어요.

"우아, 진짜 귀엽다! 저기 나 보면서 빙글빙글 도는 저 강아지, 너무 예쁘지?"

진형이의 감탄에 현준이가 웃으며 아는 척했어요.

"저 하얀색? 비숑 프리제네! 저 녀석들은 성격이 발랄하고, 사람을 잘 따르기로 유명해. 진짜 사랑스러운 강아지야."

현준이는 강아지 두 마리를 키워서 거의 '강아지 박사'예요. 앞으로 한 마리 더 데리고 올 거래요.

사실 진형이는 며칠 전부터 엄마에게 강아지를 키우자고 조르고 있었어요.

"엄마, 이번 어린이날 선물로 강아지 사 주세요. 네? 강아지가 있으면 심심하지 않을 거 같아요."

"어린이날 선물로 강아지를 사 달라고? 강아지는 생명을 지닌 존재야. 장난감처럼 사고팔 수 있는 물건이 아니라고."

"현준이네는 펫숍에서 예쁜 강아지 골라서 사던데요?"

"강아지가 펫숍에서 얼마나 학대당하는지 몰라서 그래."

엄마는 진형이를 보면서 말했어요.

"우리는 종일 집이 비는데, 어떻게 강아지를 키워? 강아지가 얼마나 외롭겠니? 그리고 너, 강아지 귀엽다고만 하고 똥 치우고, 목욕시키고, 산책시키는 일은 하지도 않을 거잖아? 강아지 키우고 싶으면 늦게 일어나는 습관, 방 어질러 놓는 생활부터 고쳐!"

엄마는 이 순간을 이용해서 또 잔소리를 퍼부으려 했어요. 아빠에게 부탁해도 결과는 마찬가지였어요.

"개는 평균 수명이 15년 정도인데, 그 기간을 가족으로 함께하려면 계획과 결심이 서야 해. 강아지가 귀여울 때는 잠깐이고, 챙겨야 할 때가 더 많아. 강아지가 이상한 행동을 해도 이해하고, 아파도 잘 돌볼 준비가 되면 그때 허락할게."

엄마 아빠의 반대에 마음을 접었지만, 오늘 로열펫숍에서 하얀 강아지를 보니 다시 가슴이 콩닥콩닥 뛰었어요. 귀여운 강아지를 보자 용기가 생긴 진형이는 로열펫숍의 문을 힘차게 열었어요. 현준이도 얼떨결에 따라 들어갔어요.

"안녕하세요? 저기 저 하얀 강아지 얼마예요?"

강아지 사료 장을 정리하던 주인이 뒤돌아보았어요.

"아, 비숑 프리제? 저 강아지는 혈통 있는 집안 출신이라 비싼데?"

로열펫숍 주인은 웃으며 대답할 뿐 가격을 말하지 않았어요.

"그래도 알려 주세요. 엄마에게 말씀드리고 사자고 할 거예요."

진형이가 씩씩하게 말하자, 로열펫숍 주인은 잠시 망설이더니 강아지를 안고 왔어요. 진형이는 사랑스러운 손길로 강아지 등을 쓰다듬어 주었어요.

"이 강아지는 프랑스 귀족들이 키우던 개야. 순수 혈통 증명서까지 있어. 이런 강아지는 소수의 사람만 키운다는 희소성이 있어서 요즘 가격이 점점 올라가고 있어. 가격이 비쌀수록 사고 싶은 사람이 늘어나는 명품 가방과 비슷하지."

로열펫숍 주인은 자랑스러운 듯 하얀 강아지를 쓰다듬으며 말했어요. 옆에서 듣고 있던 현준이가 로열펫숍 주인에게 다시 물었어요.

"우리 집도 얼마 전에 이만한 푸들 샀는데, 30만 원이었어요. 컸다고 싸게 준다고 하던데요?"

"강아지가 너무 커 버리면 상품 가치가 떨어져. 반려동물을 찾는 사람들은 강아지가 작고, 어리고, 말라야 좋아하거든. 그럴수록 비싼 값을 받아. 이 강아지도 원래 가격은 100만 원이야. 강아지가 더 크기 전에 팔아야 하니까 60만 원에 줄게."

"6⋯⋯ 60만 원이요?"

진형이는 가격을 듣고 깜짝 놀랐어요. 강아지 가격이 그렇게 비싼지 몰랐거든요.

로열펫숍 주인은 하얀 강아지를 조심스럽게 바닥에 내려놓았어요. 하얀 강아지는 진형이 다리에 앞발을 얹고는 진형이를 올려다보았어요. 진형이는 무릎을 구부리고 앉아 하얀 강아지를 살며시 안아 주었어요.

'그래, 형이 너를 꼭 우리 집으로 데려갈게. 조금만 기다려!'

진형이는 마음속으로 하얀 강아지에게 약속했어요. 그때였어요. 진형이 팔에 축축한 기운이 느껴지더니 물이 뚝뚝 떨어졌어요.

"윽, 이게 뭐야?"

진형이 품에 안긴 강아지가 오줌을 싼 거예요. 옆에 있던 현준이가 낄낄댔어요.

"이 강아지, 네가 좋은가 봐. 너한테 영역 표시한 거 같아. 너를 보자마자 오줌을 갈겨 준다."

로열펫숍 주인은 물휴지를 가져와서 진형이의 젖은 팔과 배를 닦아 주었어요. 팔과 배에서 지린내가 났지만 진형이는 싫지 않았어요. 강아지를 키우려면 이 정도는 익숙해져야 한다고 생각했어요.

집에 돌아온 진형이는 엄마가 퇴근해 오기를 기다렸어요. 엄마가 현관문에 들어서자마자 신발을 신고 엄마 손을 잡아끌었어요.

"뭐야? 어디 가는데?"

"엄마, 정말 중요한 곳이에요. 엄마도 새하얀 그 녀석을 보면 마음이 달라질 거예요."

진형이는 엄마를 끌고 로열펫숍으로 갔어요. 그리고 유리 벽 너머로 낮에 봤던 하얀 강아지를 찾았어요.

"어? 이상하다. 분명히 저기에 있었는데, 어디 갔지?"

"뭘 찾는데 그래?"

"하얀 비숑 프리제요. 진짜 귀여운 녀석을 봤거든요!"

낮에 봤던 강아지를 찾지 못한 진형이는 엄마 손을 끌고 로열펫숍 안으로 들어갔어요.

"저기, 안녕하세요? 저 낮에 왔었는데 기억하세요?"

"그럼, 기억하지."

로열펫숍 주인은 진형이 옆에 서 있는 엄마를 보더니 고개를 살짝

숙이고 인사했어요.

"아까 낮에 제가 안아 보았던 그 강아지 어디 있어요?"

"비숑 프리제? 조금 전에 어느 분이 데리고 가셨어. 그 강아지는 혈통도 좋고, 얼굴도 예쁘고, 무엇보다 사람을 너무 잘 따라서 그 손님이 보자마자 반했다면서 사 가셨어."

진형이는 하늘이 무너지는 것 같았어요. 눈물이 찔끔 났어요.

"형이 꼭 데리러 오겠다고 약속했는데……."

로열펫숍 주인은 축 처진 진형이 어깨를 쓰다듬으며 말했어요.

"다른 강아지들도 귀여우니까 한번 돌아봐. 그리고 그 비숑 프리제, 암컷이었어. 그러니까 네가 오빠가 될 뻔했던 거지."

"아, 그래요? 형이 아니고 오빠가 미안해!"

진형이는 혼자 중얼거리며 손등으로 눈물을 훔쳤어요. 엄마는 진형이가 실망한 모습이 안쓰러웠나 봐요.

"진형아, 가자. 예쁜 강아지는 다음에 또 만날 수 있을 거야."

진형이가 엄마와 함께 로열펫숍을 나왔을 때 한 무리의 사람들이 두 사람 쪽을 향해 걸어왔어요. 맨 앞사람이 현수막을 들고 있었고, 뒷사람들은 피켓을 들고 있었어요. 몇몇은 개를 데리고 뒤따랐고요.

"펫숍 거리 조성 절대 반대한다!"

"동물 학대 금지하라!"

동물보호단체의 시위였어요. 그중 개를 데리고 있던 사람이 진형

이와 엄마에게 다가와 광고 선전지를 나눠 주었어요. 받아 든 종이에는 철창에 갇힌 개들 사진과 함께 '반려동물 사지 말고 유기견을 입양하세요!'라고 쓰여 있었어요.

"조금 전에 펫숍에서 나오셨지요? 강아지 키우고 싶어도 펫숍에서 사지 말아요. 이런 곳은 강아지들이 힘든 건 아랑곳하지 않고 무조건 예쁘고 귀엽게 보이는 데만 신경 써요. 강아지가 작아야 상품성이 높으니까 더디게 자라도록 먹이를 적게 주면서 크기를 조절하고요. 버려진 개를 데려다 키우세요. 그게 진짜 동물을 사랑하는 사람의 자세이고, 윤리적인 소비예요. 이 강아지들은 어때요?"

그러면서 함께 걷고 있던 강아지들을 앞으로 내밀었어요. 종류도 알 수 없는 검은 점박이, 털이 군데군데 뜯긴 강아지 세 마리가 진형이를 바라보았어요. 그중 검은 점박이가 앞으로 나오더니 슬리퍼 사이로 보이는 진형이의 발가락을 핥았어요. 간지러워서 웃음이 터져 나왔어요.

"나 오늘 발 안 씻었어. 더럽단 말이야. 핥지 마!"

그러면서도 웃음을 멈출 수 없었어요.

"이 강아지는 네 살 정도 되었는데, 엄청 순해요. 두 달 전에 공원에 버려졌는데 상처받아서 한동안 사람과 눈을 안 마주쳤어요. 임시보호 하면서 돌봐 주었더니, 지금은 마음을 열었어요. 봐요, 지금도 좋다고 꼬리를 흔들고 쳐다보잖아요."

진형이는 발밑에 있는 점박이를 쓰다듬어 주었어요. 강아지도 진형이에게 얼굴을 묻었어요.

"이 강아지 데려가려면 돈 내야 해요?"

"입양비가 약간 있는데, 그 돈은 다른 유기견을 구조하는 데 쓰여요. 시간 날 때 보호자와 함께 유기견보호센터로 와서 개를 가족으로 받아들이겠다는 서약서에 사인하고 데려가면 돼요."

진형이는 검은 점박이를 쓰다듬으며 엄마를 쳐다보았어요. 엄마가 웃으며 대답했어요.

"엄마도 개를 사지 않고, 입양하는 건 찬성이야! 주말에 아빠랑

이 개 데리러 가자!"

진형이는 점박이 강아지를 살며시 안아 주었어요.

"너는 오늘부터 내 동생이야. 나는 진형이, 너는 진돌이!"

생각해 봅시다

반려동물을 사지 말고 입양하라고?

진형이는 펫숍에서 하얗고 예쁜 강아지를 사는 대신 검은 점박이 유기견을 입양하기로 했어요. 펫숍에서 예쁜 강아지를 골라 사는 일이 정말 잘못된 일일까요? 펫숍을 없애야 한다는 동물보호단체의 주장은 자유로운 경제 활동을 막는 행위 아닐까요?

현준

당연히 가장 예쁘고 사랑스러운 녀석을 데려와야지요. 15년이나 함께할 반려동물인데 외모나 성격이 마음에 안 들면 나중에 후회할 수도 있잖아요. 펫숍이면 어때요? 가장 좋은 상품을 골라 사는 건 소비자의 권리이자 선택이라고요.

진형

유기견을 데려오면 돈도 거의 안 들고, 그 돈을 받은 동물보호단체는 다른 동물들을 구조할 수 있으니 사회에 보탬이 돼요. 판매를 목적으로 동물을 괴롭히는 펫숍은 윤리적인 경제 활동을 하는 곳이라고 볼 수 없어요.

반려동물이 경제와 무슨 관련이 있을까?

요즘은 반려동물을 '상품'으로 사고팔아요. '생명에 어떻게 값어치를 매길 수 있느냐'는 비난에도 작고 예쁜 강아지, 품종묘˙는 더 비싸게 거래되고요.

개나 고양이 등 반려동물을 키우는 사람을 흔히 '펫팸족'이라고 불러요. 집에서 키우는 작고 귀여운 동물을 뜻하는 'pet'과 가족을 뜻하는 'family'의 합성어예요. 농림축산식품부에 따르면 2021년 기준, 우리나라 '펫팸족'은 606만 가구로, 전체 가구의 25.9퍼센트에 달해요. 앞으로 1인 가구가 많아지고, 수명이 늘면서 '펫팸족'은 더욱 늘어날 거라고 해요.

펫팸족이 늘면서 '반려동물 산업'도 빠르게 성장하고 있어요. 초기에는 먹을거리나 입을 거리, 놀이 기구 중심이었던 반려동물 산업이 이제는 장례 서비스, 보험 서비스까지 확장했어요. 반려동물을 위해 실내 장식을 바꾸기도 해요. 반려동물의 안전을 위해 미끄럼 방지 기술이 적용된 마루, 반려동물이 편안해하는 냄새나 색깔의 페인트가 인기를 끌고 있어요.

강아지 키우기를 원하는 '수요'가 늘면서 강아지 '공급'도 늘었어요. 어떤 물건이나 서비스를 사려는 욕구를 수요라고 해요. 가격이 높아지

품종묘 인위적으로 교배시켜서 만든 고양이.

면 수요량이 줄고, 가격이 낮아지면 수요량이 늘어요. 예를 들어 볼펜 한 자루가 1만 원이에요. 그럼 "너무 비싸네!"라면서 사지 않을 가능성이 커요. 똑같은 볼펜이 1,000원이면 "이 정도면 가격이 괜찮네!"라며 사는 사람이 많아져요. 이렇게 가격에 따라 수요량이 변하는 것을 '수요의 법칙'이라고 해요.

물건이나 서비스를 팔기 위해 시장에 내놓는 일을 '공급'이라고 해요. 볼펜을 만드는 회사 사장은 볼펜 가격이 비쌀수록 더 많이 만들어 팔고 싶을 거예요. 그래야 이윤이 많이 남으니까요. 가격이 높아지면 팔고자 하는 공급량이 늘고, 가격이 낮아지면 공급량이 줄어드는 것을 '공급의 법칙'이라고 해요. 이렇게 수요와 공급이 만나는 지점에서 가격과 거래량이 결정되는 원리를 '수요와 공급의 법칙'이라고 한답니다.

반려동물 산업에서도 어김없이 수요와 공급의 법칙이 등장해요. 요

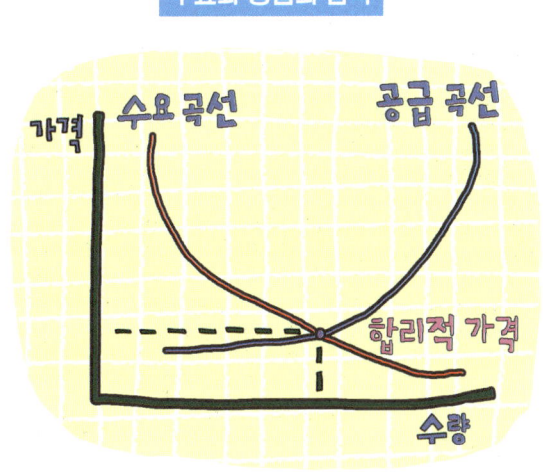

수요와 공급의 법칙

즘은 주로 집 안에서 반려동물을 키워서 작고 귀여운 강아지를 선호해요. 그래서 몰티즈, 푸들, 치와와, 포메라니안 등의 수요가 늘었어요.

작고 귀여운 강아지에 대한 수요가 늘면서 이런 강아지의 가격이 점점 올라가요. 공급을 늘리고 싶은 사람들은 '강아지 공장'을 만들어 작고 예쁜 강아지를 대량 생산해요. 어미 개는 좁은 철창에 갇혀 평생 새끼를 낳으며 일생을 보내요. 사랑받거나, 산책도 해 보지 못하고 평생을 학대 속에 사는 거예요. 반려동물 판매점인 펫숍에서 보는 강아지 대부분은 이런 어미가 낳은 새끼들이에요. 강아지를 대량 생산하여 공급을 늘리려는 사람들에게 강아지는 '생명'이 아니라 '상품'의 의미가 훨씬 커요.

펫팸족이 많을수록 발전하는 '펫테크'

반려동물 관련 분야는 빠르게 성장하는 유망 산업이에요. 요즘은 '펫테크' 바람이 거세요. 펫테크는 반려동물(pet)과 기술(technology)을 합친 말이에요. 반려동물 관련 상품이나 서비스에 인공지능(AI), 빅데이터, 사물인터넷(IoT) 등 첨단 기술을 결합하는 것을 의미해요.

집에 혼자 남은 반려동물을 관찰하는 카메라나 사료를 자동으로 주는 급식기 등은 반려동물을 키우는 가정에서 많이 사용해요. 요즘은 AI가 반려동물의 이상 징후나 행동을 분석하고, 유전자 검사로 질병을 예측하는 기술도 있어요. 반려동물의 눈, 피부, 걸음걸이를 촬영한 데이터를 AI가 분석해 질병이나 이상 징후를 미리 알아내는 거예요.

반려동물의 행동을 녹화한 영상을 기반으로 활동량, 하울링 등의 행동 분석 결과를 제공하는 서비스도 있어요. 이 데이터를 바탕으로 반려동물의 행동이나 언어를 파악해 적절한 보살핌이 이루어지도록 도와요. 만약 집에 혼자 남은 반려동물이 불안이나 스트레스를 느낀다는 결과가 나오면 긴장을 풀어 주는 음악을 들려주는 방식으로 반려동물을 치료해요.

펫테크가 빠르게 발전하는 이유는 반려동물 산업이 그만큼 유망하기 때문이에요. 미래 성장 가능성을 보고 투자하는 사람이 늘고, 그 돈을 가지고 새로운 기술을 개발하는 선순환이 이루어져요.

가격이 비쌀수록 잘 팔리는 상품이 있다고?

소득이 늘면 소비도 증가하는 재화를 '정상재'라고 해요. 예를 들면 한우 같은 거죠. 평소에는 비싸서 못 먹다가 보너스를 받아 돈이 생기면 "기분 좋으니 한우 먹자"라고 하잖아요.

반대로 소득이 올라갈수록 수요가 줄어드는 재화는 '열등재'라고 해요. 현재 우리나라 기준으로 쌀이 열등재에 속해요. 1960년대 1인당 쌀 소비량이 연간 120킬로그램 정도였어요. 2022년 기준으로 1인당 쌀 소비량은 56.7킬로그램이에요. 쌀 소비가 줄어든 이유는 소득이 증가하면서 밀가루, 잡곡 같은 대체재가 등장했기 때문이에요. 단, 열등재와 정상재는 경제 상황에 따라 언제든 달라져요. 쌀은 1970년대까지는 소득의 증가에 따라 소비도 늘어나는 정상재였어요. 하지만 1980년대 이후 열등재로 바뀌었어요.

가격이 오르면 사려는 사람이 줄고, 가격이 내리면 사려는 사람이 늘어나는 수요의 법칙에서 예외 상황이 있어요. 바로 '기펜재'라는 상품이에요. 기펜재는 가격이 낮아지면서 오히려 수요가 하락하는 물건이에요. 이 개념을 정립한 영국의 경제학자 로버트 기펜의 이름을 딴 이론이에요. 연탄은 1950~1980년대 우리나라 가정에서 가장 많이 사용하는 난방 연료였어요. 이후 석유, 가스 등 대체 연료가 나오면서 가치가 떨어졌어요. 현재 연탄은 30여 년 전보다 가격이 훨씬 싼데도 오히려 수요가 줄었어요. 가격이 싸졌는데도 수요가 줄어든 연탄 같은 상품이 바로 기펜재예요.

 가격이 오르는데도 수요가 늘어나서 수요 법칙에 어긋나는 상품은 '위풍재'라고 해요. 대표적으로 명품 가방이 있어요. 샤넬이라는 브랜드는 일부러 가방 수량을 제한해 판매해요. 그러면서 매해 가격을 올려요. 가격을 올릴수록 살 수 있는 사람이 적어지니 희소성이 높아져요. '샤넬 가방은 특별한 사람만 가질 수 있다'는 소비자의 과시욕을 자극할수록 수요는 증가해요. 샤넬 가방은 가격이 오를수록 사려는 사람이 많아지는 '위풍재'인 거죠. 고급 자동차, 고급 시계처럼 주로 과시를 위해 소비하는 상품이 위풍재에 해당해요. 한창 가격이 오르는

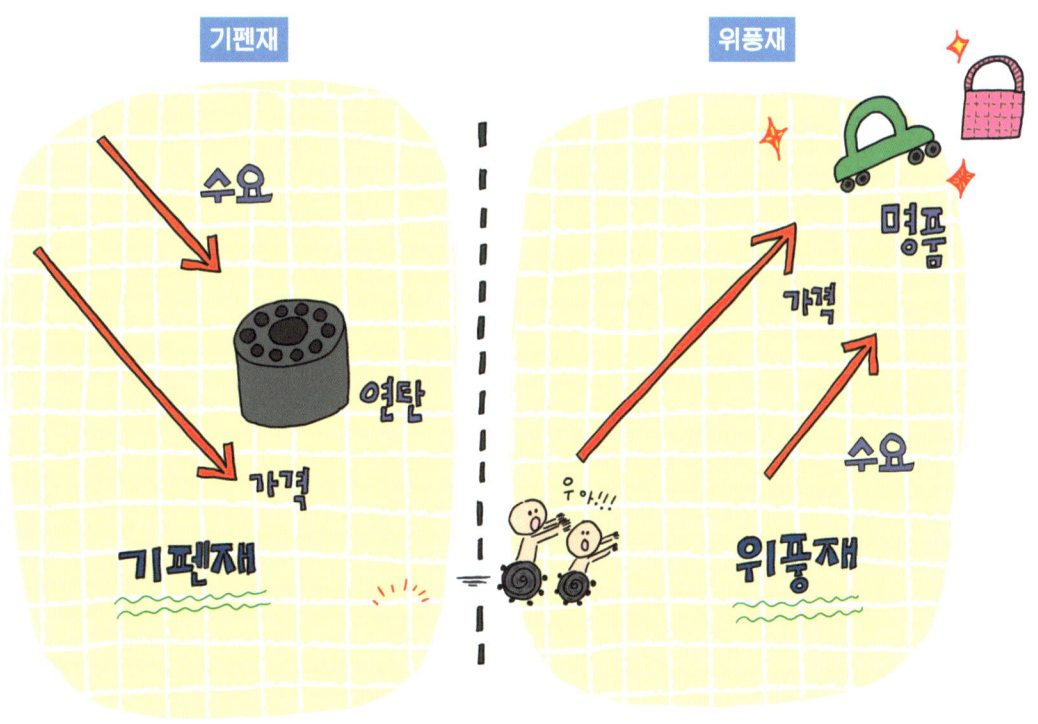

데도 수요가 줄지 않고 사려는 사람이 늘어나는 주식이 있다면, 그 주식도 위풍재예요.

반려동물도 위풍재가 있다고?

'프렌치 불도그'는 반려견 중에 위풍재로 취급받는 품종이에요. 납작한 코와 쭈글쭈글한 주름이 특징인 프렌치 불도그는 귀여운 외모와 행동으로 한국뿐 아니라 많은 나라에서 인기를 끌고 있어요. 프렌치 불도그는 번식이 어렵고 수명이 짧아 거래 가격이 무척 높은데도 찾는 사람이 계속 많아진다고 해요.

반려동물을 가족으로 인정하는 문화가 확산하면서 반려동물 관련 산업에서도 위풍재가 늘고 있어요. 프리미엄 도그 혹은 VID(Very Important Dog)라 불리는 개들은 한 달 이용료가 100만 원에 이르는 유치원에 다녀요. 강아지의 특성·체질·식성을 고려하여 맞춤 식사를 내놓는 강아지 전용 식당을 방문해요. 어느 명품 브랜드는 강아지 침대(약 1,180만 원), 강아지 이동용 가방(약 490만 원), 강아지 코트(약 133만 원) 등 '펫 컬렉션'을 선보였어요.

전문가들이 "VID 시장은 더욱 커질 것"이라고 입을 모으니, 반려동물 시장의 위풍재도 점점 늘어날 거예요.

유기견 입양이 윤리적 소비라고?

어린이날이 되면 펫숍이 어린이와 함께 온 손님들로 붐빈다고 해요. 어린이들이 선물로 받을 예쁜 강아지를 고르기 위해서죠. 예뻐서 고른 강아지가 예상보다 몸집이 커지거나, 자라면서 외모가 달라지거나, 행동이 마음에 들지 않으면 길거리에 버리는 사람도 늘고 있어요.

명절이나 휴가철이면 고속도로에 버려지는 반려동물도 많대요. 반려동물이 찾아올 수 없도록 살던 집과 멀리 떨어진 곳에 버리는 거죠. 농림축산식품부에 따르면 2020년 기준, 우리나라에서만 연간 13만 마리가 넘는 동물이 유기되었어요.

어떤 물건은 가격과 품질로만 구매를 결정할 것이 아니라, '윤리적 소비'인지를 먼저 따져 봐야 할 때가 있어요. 물건을 사는 행위가 다른 사람이나 사회, 환경에 미치는 영향을 고려하여 소비하는 방식을 '윤리적 소비'라고 해요. 어린이의 값싼 노동력을 이용해 초콜릿을 생산하는 회사, 전쟁이나 학살을 일으킨 국가를 돕는 기업의 상품을 사면 그 일을 한 사람을 돕는 꼴이 되거든요. 윤리적 소비는 이런 상황을 고려해 소비하는 방식이에요.

펫숍에서 반려동물을 사는 행위는 동물을 학대하는 사람을 돕는 결과를 가져와요. 펫숍에서 파는 강아지는 작고 말라야 인기가 있대요. 그래서 강아지가 자라지 않도록 '죽지 않을 만큼'만 먹이를 줘요. 하루에 사료 두세 알만 먹이는 펫숍도 있어요. 강아지가 펫숍에서 배고픔으로 고통받는 거예요. 한때 비숑 프리제가 인기를 끌자 강아지 공장 운영자들은 암컷을 긁어모으다시피 사들여 철창에 가둬 놓고 새끼를 낳게 했어요. 강제 임신과 출산으로 몸이 만신창이가 된 어미 개는 개고기, 개소주 시장으로 은밀하게 팔려 나가기도 했고요.

반려동물은 물건이 아닌 생명을 지닌 존재예요. 어떻게 키울지 깊게 고민해 본 후에 데려와야 해요. 무엇보다 사지 말고 입양하는 방식이 윤리적 소비예요.

동물을 사랑한다면 물건을 살 때도 주의 깊게 따져야 해요. 소비자의 작은 수고로 동물이 행복해질 수 있으니까요.

첫 번째로 동물의 가죽이나 털로 만든 옷을 사지 않아요. 이런 의류

를 사지 않고, 입지 않으면 동물의 삶이 조금은 행복해져요. 대신 식물성 소재로 된 옷이나 신발, 가방을 사용해요. 요즘은 사과 껍질, 파인애플 껍질, 선인장, 코코넛 등 식물을 이용한 제품들이 나오고 있어요. 가공 기술이 좋아져 가죽 못지않게 튼튼하고 디자인이 무척 다양하답니다. 이런 상품을 사는 건 천연 성분이라 환경에 해를 주지 않고, 동물의 고통까지 줄일 수 있는 좋은 소비예요.

두 번째로 동물 실험을 하거나 동물성 원료를 사용한 화장품을 사지 않아요. 동물 실험은 사람이 사용하는 화장품의 안전성과 자극성을 시험하기 위해 쥐, 토끼 등의 동물에게 먼저 실험하는 일을 말해요. '비건 화장품' '크루얼티프리(동물성 원료를 사용하지 않은 화장품)'가 표시된 제품을 선택하는 것이 좋아요.

세 번째로 예쁜 품종묘가 있는 고양이 카페에 가지 않아요. 품종묘를 만들려고 어미 고양이에게 임신이 잘되는 약물을 주입하여 '새끼 낳는 기계'로 만들기도 해요. 예쁜 품종을 모아 놓은 고양이 카페에 가는 건 고양이에게 고통을 더하는 일이랍니다.

동물을 생각하는 소비

정부에서는 '동물복지 축산농장 인증제'를 실시하고 있어요. 소·돼지·닭·오리 등이 본래 습성을 유지할 수 있는 환경을 갖춘 농장을 인증

해 주는 제도예요. 이런 농장에서는 동물이 좁은 철창에 갇히지 않고, 움직이며 생활할 수 있어요. 고기, 달걀, 햄 등을 살 때 '동물복지'라고 써 있는지 확인하고, 조금 비싸더라도 이런 제품을 구매하는 것이 동물을 생각하는 소비예요.

반려동물 관련 직업이 뜬다고?

반려동물 산업이 성장하면서 반려동물 관련 직업의 종류도 다양화, 세분화, 전문화되고 있어요.

반려동물과 함께할 수 있는 가장 대표적인 직업은 수의사예요. 수의사는 반려동물뿐 아니라 가축, 실험동물, 야생동물, 희귀동물 등 모든 동물의 질병을 예방하고, 진단하고, 치료해요. 수의사가 되려면 국내외 대학에서 수의학을 전공해야 해요. 그리고 국가 고시를 통과해야 해요.

반려동물 재활치료사는 동물의 건강을 책임지는 전문가예요. 부상·질병·노화로 인한 통증을 최소화하고 운동 범위를 늘릴 수 있도록 치료 계획을 세워요.

반려동물 훈련·상담가는 반려동물이 문제 행동을 보일 때 이를 바로잡는 방법을 찾고, 훈련하고, 교육하는 일을 해요. 문제 해결을 위해 반려동물을 관찰하고 보호자와 대화해요. 반려동물 훈련·상담가로 일하려면 동물을 깊게 이해하고 보호자와 신뢰 관계를 쌓기 위한 공감 능력이 중요해요.

동물 매개 심리치료사는 개, 고양이, 말, 새 등의 동물과 상호 작용하여 어린이와 노인 또는 몸이나 마음이 아픈 사람들이 나아질 수 있도록 돕는 일을 해요.

동물 조련사는 인명 구조, 시각 장애인 안내, 마약 탐지 등 특수 임무를 부여받은 개를 훈련해요. 동물의 특성과 목적에 맞는 훈련 계획을 세우고, 반복 연습을 통해 동물이 목적에 맞게 행동하도록 훈련해요. 시각 장애인 안내견, 마약 탐지견을 훈련하는 조련사의 경우 전문 훈련소가 있어요. 요즘은 특수 목적을 지닌 개가 아니더라도 동물 조련사가 반려동물의 일상 적응을 돕는 경우도 많다고 해요.

구독경제와 구매

우리 집 물건이 우리 것이 아니라고?

"엄마! 체육복 어디 있어? 오늘 5학년 전체 체조 하는 날이라 체육복 입고 가야 하는데?"

아침밥을 차리던 엄마는 지윤이 옷장을 뒤지더니, 뭔가 생각난 듯 말했어요.

"어제 세탁 구독 서비스 맡겼는데 아직 안 왔네! 오늘 밤에 도착할 텐데, 어쩌지?"

지윤이는 심통이 났어요. 지난번에도 엄마가 세탁 구독 서비스를 늦게 맡겨서 체육복을 입지 못한 적이 있거든요.

"또? 우리 집도 그냥 세탁기로 빨래하면 안 돼? 그럼 옷이 늘 집에 있으니까 아무 때나 입을 수 있잖아."

"세탁 구독 서비스가 얼마나 편리한데! 매월 돈을 내면 세탁한 옷을 반듯하게 개서 저녁에 문 앞에 가져다 놓잖아. 예전에는 엄마가 회사 다녀와서 세탁기 돌려서, 베란다에 널고, 마르면 개서 옷장에 넣느라 얼마나 힘들었는지 몰라. 세탁 구독 서비스가 엄마를 빨래에서 해방시켜 줬어!"

"편리하면 뭐 해? 나만 체육복 못 입고 가는데."

엄마는 미안한지 동생 동윤이 체육복을 내밀었어요.

"이건 3학년 김동윤 건데 작아서 어떻게 입어?"

"하루만 입는 건데 뭐 어때! 얼른 입고 아침 먹어. 엄마도 출근해야 해."

지윤이는 어쩔 수 없이 동생 체육복을 입었어요. 긴팔 소매가 지윤이 팔목 위까지 껑충 올라왔어요. 바지 밑단은 정강이까지 올라왔고요. 무엇보다 엉덩이 부분이 자꾸 끼어서 불편했어요. 심통이 났지만 어쩔 수 없었어요. 혼자 다른 옷을 입어 눈에 띄는 것보다 작은 체육복이 나았어요.

엄마는 아침밥으로 '어린이 성장을 돕는 단백질 식사'를 내놓았어요. 오늘은 특별히 닭가슴살 소시지가 있어서 좋았어요. 맛있는 아침밥을 먹으니까 조금 전 심통이 났던 마음이 슬슬 풀렸어요.

"엄마, 이거 맛있다! 지난번에 '채소 중심 어린이 식사'는 정말 웩이었어. 당근하고 브로콜리가 섞여 있던 거. 정말 토 나올 뻔했어."

"이번 거 맛있어? 아침 식사 구독 회사를 바꿨어. 여기는 소비자

반응을 조사해서 식단을 매주 바꾼대. 그래서 오래 구독해도 질리지 않는 게 장점이라더라!"

"엄마는 구독이 그렇게 좋아? 우리 집에는 우리 것이 없어. 저 정수기도 구독이고, 아빠 차도 구독이잖아. 내 방 침대도 구독이고, 엄마가 좋아하는 커피도 구독이고."

"엄마가 큰 집에 살다가 작은 이 집으로 이사 오면서 결심했거든. 물건을 가능한 한 사지 않겠다고. 이제는 소유하지 않고 빌리는 시대라니까. 요즘은 구독 서비스를 잘 이용하면 물건을 소유하지 않고 편리하게 이용할 수 있어. 구독 서비스가 필요 없으면 언제든 해지할

수 있고."

지윤이는 엄마가 후식으로 깎아 준 사과를 먹으며 문득 생각나 물었어요.

"설마, 이 사과도 구독이야?"

"호호호, 지윤이 잘 아네! 제철 과일 구독하면 엄마가 직접 사러 가지 않아도 싱싱한 과일을 매주 보내 줘. 이번 주는 가을 특집으로 사과와 단감이었어."

지윤이는 엄마의 설명을 들으며 사과를 먹고는 학교에 갔지요.

1교시 수업은 수학이었어요. 선생님은 지난번 수학 경시대회 결과를 나누어 주었어요. 지윤이의 수학 점수는 78점이었어요. 나름대로 열심히 공부했다고 생각했는데 아쉬웠어요. 점수를 다 나누어 주신 선생님은 지윤이 짝꿍 혜지에게 일어나라고 하셨어요.

"우리 반 혜지가 이번 수학 경시대회에서 최고 점수를 받아 전교 1등이다. 다들 축하의 의미로 박수!"

혜지는 친구들에게 인사했어요. 지윤이도 부러운 마음으로 혜지를 올려다보며 힘차게 손뼉을 쳤어요.

1교시 쉬는 시간, 친구들이 우르르 혜지 주변으로 모여들었어요. 반장 지성이가 혜지에게 물었어요.

"혜지야, 너 어쩜 그렇게 수학 시험을 잘 봤어? 너 수학 학원도 안 다니잖아."

"수학 학원은 안 다니지만, 수학 학습지는 구독하고 있어. 단계별, 수준별로 학습지를 선택해. 부족한 부분만 골라서 학습할 수 있고, AI가 내가 푼 문제를 바로 평가해 주어서 도움이 많이 되었어."

"이번 수학 시험에서 21번 완전 어려웠잖아. 그거 중학교 1학년 수준 문제라던데? 그것도 풀었어?"

"응. 중학교 1학년 수학 학습지도 구독하고 있거든. 거기서 비슷한 문제 풀어 본 적 있어. 학습지 구독을 두 개나 하는데도 비용이 학원비보다 훨씬 싸서 엄마가 좋아하셔."

그때 2교시 시작종이 울렸어요. 지윤이는 얼른 운동화로 갈아 신고 운동장으로 뛰어갔어요. 옆에서 혜지가 뛰고 있었어요. 지윤이가 혜지에게 물었어요.

"너 무슨 학습지 구독하고 있어? 나한테도 알려 줘."

"나는 씽크탱크 창의력 수학 5-2단계하고, 7-1단계 같이 하고 있어."

지윤이는 혼잣말로 '씽크탱크 창의력 수학 5-2, 7-1'을 되뇌었어요.

학교를 마치고 집으로 돌아가는 길, 지윤이네 집 앞 상가 주차장에 하얀 천막 몇 개가 서 있었어요. 커다란 모니터가 설치되어 있고, 옆에는 상담하려는 사람들이 줄을 서 있었어요. 커다란 현수막에 '씽크탱크 신개념 AI 창의력 수학 한 달 구독료 무료 이벤트'라고 쓰여 있었어요. 아까 혜지가 말한 그 수학 구독 학습지였어요. 지윤이에게 '한 달 구독료 무료'라는 글씨가 엄청나게 크게 보였어요. 지윤이는 어깨에 띠를 두른 선생님에게 물어봤어요.

"선생님, 이거 정말 한 달 동안 무료예요?"

"오늘 회원 가입 하면 한 달 동안 사용해 본 후에 구독 서비스를 계속 이용할지 말지 결정하면 돼요."

지윤이는 생각했어요.

'한 달 동안 무료면 해 보지 뭐! 어차피 돈도 안 들어가니 한 달 뒤에 끊으면 되잖아. 엄마도 내가 수학 공부 한다고 하면 좋아하실걸?'

지윤이는 선생님이 가져온 서류에 이름과 휴대전화 번호를 썼어요. 보호자 칸에는 엄마 이름과 전화번호를 적었어요. 잠시 후 선생님은 작은 종이를 내밀었어요.

"여기 임시 아이디와 비밀번호예요. 이걸로 씽크탱크 애플리케이션에 접속해서 7-1단계 수학 강의를 듣고, 문제를 풀어 보세요. 그럼 AI가 평가해서 바로 결과를 알려 줄 거예요. 어? 7-1단계는 중학교 1학년 과정인데, 이거 신청한 거 맞아요?"

"네, 맞아요!"

지윤이는 어차피 수학 학원에서 초등 과정을 배우고 있으니까 혜지처럼 중학교 과정에 도전해 볼 생각이었거든요.

집에 돌아왔더니 동생 동윤이가 TV 앞에서 자동차 게임을 하다 지윤이를 돌아보며 말했어요.

"누나 왜 이렇게 늦게 왔어?"

"오다가 잠깐 볼일이 있었어. 누나 기다렸어? 왜?"

"누나, 나 배고파. 컵라면 끓여 줘."

"너는 3학년인데 컵라면도 못 해 먹냐? 정수기 버튼만 누르면 뜨거운 물 나오잖아."

"뜨거운 물 무섭단 말이야. 누나가 해 줘."

"우리가 뜨거운 물 사용하는 거 위험하다고 엄마가 일부러 더 비싼 '고객 맞춤형 온수 안전 정수기'를 구독한다고 했어. 엄마가 최고 온도를 70도로 맞춰 놓았고."

지윤이는 귀찮았지만, 동윤이를 위해 컵라면에 뜨거운 물을 부어 가져다주었어요. 동윤이는 뜨거운 물이 무섭다더니, 뜨거운 컵라면을 후후 불어 잘도 먹었어요.

'참! 아까 신청한 무료 수학 학습지 해 봐야지!'

지윤이는 동윤이가 컵라면을 먹는 식탁 맞은편에 앉아 태블릿 PC를 열었어요. 선생님이 주신 설명서대로 접속했더니 초기 화면에 '김지윤 님 환영합니다'라는 메시지가 나왔어요.

"좋았어. 무료 사용 한 달!"

지윤이는 동영상 강의 1회차를 열었어요. 강의하는 선생님은 친절하게 말씀하셨어요.

"첫 단원에서는 자연수를 배웁니다. 숫자 1과 소수, 합성수로 이루어진 자연수 소인수분해를 통해 공약수, 공배수, 약수의 개수 등을 구하는 방법까지 배우니 튼튼하게 기초를 닦아 봅시다."

지윤이는 선생님이 하는 말을 다 알아듣지 못했어요. 하지만 10분짜리 짧은 동영상이라 별 부담은 없었어요. 강의를 다 듣고 나니 자동으로 '기초 평가 문제' 페이지로 넘어갔어요.

"열 문제? 한번 해 보지 뭐!"

하지만 1번 문제부터 쉽지 않았어요. 1번 문제를 겨우 풀고, 2번 문제로 넘어갈 때였어요. 동윤이가 지윤이를 불렀어요.

"누나, 나 라면 그만 먹을래. 나머지는 누나가 먹어."

"뭐? 아까는 배고프다더니."

사실 지윤이도 배가 고팠어요. 지윤이는 얼른 수학 문제를 풀고, 동윤이가 남긴 컵라면을 먹어야겠다고 생각했어요.

"2번 문제는 진짜 모르겠네. 3번부터 풀어 볼까?"

다음 문제로 넘어갔지만 3번도 어렵기는 마찬가지였어요.

"답이 1번인가? 3번인가? 이상하다? 제일 쉬운 단계라고 했는데……. 이렇게 어렵다니!"

옆에서 컵라면이 점점 식어가고 있었어요.

"에잇, 모르겠다! 어차피 무료인데 뭐!"

지윤이는 나머지 문제를 대충 찍고 '마침'을 눌렀어요. 시험 결과와 AI가 분석한 페이지는 열지 않았어요. 컵라면을 먹고 난 후에 보

려고요. 그때 회사에 있는 엄마에게 전화가 왔어요.

"지윤이 너, 씽크탱크 수학 학습지 구독 신청했어?"

"어떻게 알았어?"

"엄마에게 김지윤 학생이 가입했다고 문자가 왔어."

"엄마 오면 말하려고 했어. 한 달 동안 무료로 사용할 수 있고, 계속 구독하는 건 그다음에 결정해도 된다고 해서 가입했어."

"근데 이게 뭐야?"

"뭐?"

"수학 열 문제를 다 찍고 끝냈네? 동영상 강의 이해력이 10퍼센트라는데?"

"그걸 엄마가 어떻게 알아?"

"어떻게 알긴 뭘 어떻게 알아? 씽크탱크 AI가 네가 학습한 태도, 문제 푼 결과를 분석해서 방금 엄마에게 문자로 보내 줬어. '김지윤 학생은 처음부터 다시 학습하기를 권합니다'라는데? 씽크탱크 구독 조건은 엄마가 집에 가서 다시 볼 테니까 얼른 공부하고 문제 풀어!"

지윤이는 무료라고 덜컥 학습지 구독을 신청한 걸 후회했어요. 학원 선생님보다, 엄마보다 더 무서운 AI 선생님이 지윤이를 감시할 줄은 몰랐거든요.

생각해 봅시다
별로 필요하지도 않은데 무료라서 구독한다고?

지윤이는 혜지가 학습지 구독으로 수학 경시대회 시험을 잘 봤다는 걸 알고 씽크탱크 학습지를 구독했어요. 학습지를 언제든 해지할 수 있고 한 달 동안 무료라는 말에 부담 없이 신청했지요. 무료라고 별로 필요하지 않은 상품이나 서비스를 이용하는 것은 경제적인 선택일까요?

어차피 구독 서비스는 매달 돈을 내고 이용하잖아요. 한 달 무료 사용은 고객을 끌어모으기 위한 미끼고요. 그러니 무료 사용 기간이 끝나면 바로 끊어도 괜찮아요. 구독경제의 장점을 충분히 이용하는 게 현명한 소비라고 생각해요.

─ 지윤

한 달 무료 사용 같은 서비스는 고객을 끌어모으기 위한 기업의 전략이 맞지만, 그것만 쏙쏙 골라 먹는 소비자는 얌체 같아요. 한 달 사용하고 끊을 생각으로 구독 서비스를 이용하는 건, 매달 돈을 내고 구독하는 소비자에게 돌아갈 혜택을 빼앗는 거예요.

─ 혜지

구독경제가 뭘까?

매월 돈을 내면 상품이나 서비스를 주기적으로 소비자에게 제공하는 계약을 '구독'이라고 해요. 예전에는 매일 우유나 신문을 집까지 배달해 주는 구독 서비스를 많이 이용했어요. 한 달에 한 번 새로 나온 잡지를 보내 주는 잡지 정기 구독도 흔했고요. 요즘은 휴지나 세제를 정기적으로 보내 주는 생활용품 구독, 제철 채소나 과일을 정기적으로 보내 주는 신선식품 구독을 흔히 볼 수 있어요. 매달 통신사에 통신망 사용료를 내며 사용하는 스마트폰도 따지고 보면 구독경제예요.

마이크로소프트는 MS오피스 소프트웨어를 비싼 가격의 '라이선스 방식'으로 판매했어요. 소비자가 한 번 라이선스를 구매하면 그 버전을 평생 사용할 수 있었지요. 이 방식은 가격이 비싸서 불법으로 MS오피스를 내려받는 경우가 많았어요. 불법 사용과 매출 정체로 고심하던 마이크로소프트는 매달 돈을 받고 MS오피스를 빌려주는 구독형 서비스 '오피스 365'를 내놓았어요. 비용 부담이 줄어드니 정품 소프트웨어를 구매하는 사람이 늘었어요. 구독자에게는 클라우드 저장소를 빌려주고, 정기적으로 소프트웨어를 업그레이드해 주었지요. MS오피스 구독 서비스로 마이크로소프트는 매출이 큰 폭으로 상승했어요.

구독경제는 코로나19를 겪으며 크게 성장했어요. 팬데믹 기간에 백화점, 대형 마트같이 전통적인 판매 방식의 기업은 문을 닫거나 규모를 줄였지만, 구독경제로 판매하는 기업들은 오히려 성장했어요. 비대면, 집 앞 배송, 좋은 제품을 골라 주는 큐레이팅이라는 구독경제의 특징이 코로나19 팬데믹 시대에 유용했기 때문이에요.

공유경제와 구독경제, 비슷한 듯 다르다고?

공유경제는 한 번 생산된 제품을 여럿이 나누어 쓰는 경제 방식이에요. 서울에 사는 A 씨는 방이 세 개인 집에 살아요. 얼마 전 A 씨의 아들이 군대에 가면서 방 하나가 비었어요. A 씨는 이 방 사진을 전 세계 숙박 공유 플랫폼 '에어비앤비'에 올렸어요. 서울을 여행하려는 그리스 사람 B 씨에게 돈을 받고 한 달 동안 빌려주었지요. A 씨는 집을 B 씨와 나누어 쓴 공유경제를 한 거예요. 서울시가 운영하는 대여 자전거 '따릉이'는 거치대에서 애플리케이션으로 잠금장치를 풀고 이용할 수 있어요. 다 쓰고 목적지 근처 거치대에 가져다 놓으면 이용 시간에 따라 요금이 자동으로 결제돼요. 자전거 한 대를 여러 명이 나누어 쓰는 거죠.

공유경제는 한 가지 물건을 여러 명이 나누어 써서 자원 사용의 효율성을 높이는 개념이에요. 대체로 집, 사무실, 자전거, 전동 스쿠터처럼 비싼 물건을 사는 것보다 훨씬 저렴한 가격에 사용하는 장점이 있어요.

구독경제는 필요한 물건을 필요한 만큼만 사용하는 경제 활동이에요. 정장을 입고 출근하는 직장인에게 일주일에 한 번 깨끗하게 세탁하여 다림질까지 마친 셔츠 다섯 벌을 보내 주는 셔츠 구독, 매달 소비자의 피부 상태와 계절별로 맞춤한 화장품을 집으로 배송해 주는 화장품 구독처럼 꼭 필요한 물건을 필요한 만큼, 정기적으로 구매하는 방식이에요.

그렇다고 구독경제와 공유경제가 품목별로 늘 명확하게 구분되는 건 아니에요. 여러 사람이 한 대의 자동차를 공동으로 소유하여 시간 단위로 나눠 쓰는 형태라면 이 자동차는 공유경제예요. 이 경우 차를 개인이 혼자 소유할 때보다 보험료, 수리비 등의 비용 부담이 적어요. 자동차를 주차장에 세워 두는 낭비를 줄일 수도 있어요. 사회 전체로 봤을 때는 자동차가 늘어나서 생기는 환경 문제까지 해결할 수 있고요. 공유경제는 차 한 대를 최대한 활용하는 경제 방식이에요.

자동차를 구독경제 형태로 이용하면 매월 일정 금액을 내고 원하

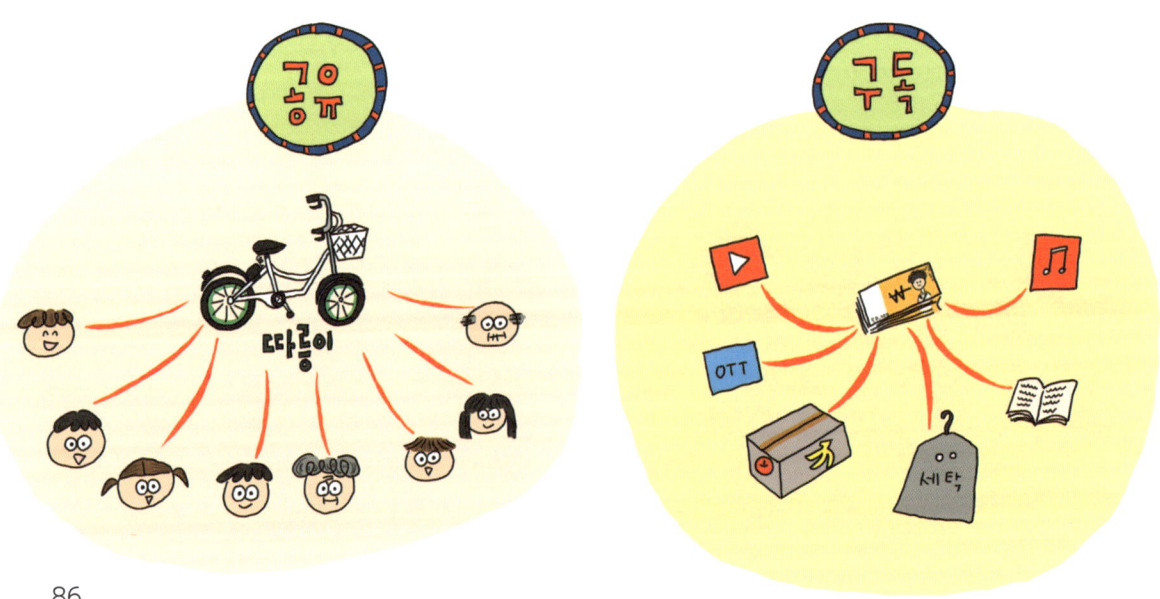

는 차량을 사용할 수 있어요. 자동차 수리, 자동차 관련 세금 납부, 보험료 납부, 소모품 교체 등의 수고를 들이지 않고 자동차를 사용할 수 있어 편해요. 출근할 때는 문이 네 개인 세단 자동차를 타다가, 여행 갈 때는 SUV 자동차, 캠핑카 등으로 쉽게 바꿔 구독할 수도 있어요.

즉, 공유경제가 비싼 제품을 나누어 쓰면서 발생하는 '경제적 이익'에 초점을 맞춘다면, 구독경제는 필요한 만큼만 쓰는 '효율적 사용'에 더 많은 가치를 두는 경제 방식이에요.

구독 서비스가 왜 갑자기 많아졌냐고?

우리는 수많은 물건에 둘러싸여 살고 있어요. 이마트, 홈플러스, 롯데마트 같은 대형 마트에서 취급하는 품목이 5만~7만 가지래요. 쿠팡처럼 공간의 제약이 없는 온라인 쇼핑몰이 판매하는 품목은 1억 2,000가지가 넘고요. 수많은 물건 중 가격과 품질이 모두 만족스러운 상품을 고르려면 시간이 상당히 걸려요. 새로운 상품은 날마다 쏟아지고, 유행은 빨리 변해요. 소비자는 바쁘고, 물건을 보는 수준은 점점 높아져요.

구독경제가 급격하게 늘어나는 첫 번째 이유는 "상품을 고르기 어려운 생활 속에서 누군가 내게 딱 맞는 상품을 골라, 집으로 보내 주면 좋겠다"라는 소비자의 요구가 커졌기 때문이에요. 이렇게 소비자의 요구, 필요, 수준에 맞게 물건을 골라 주는 행위를 '큐레이션(curation)'이라고 해요.

미국의 온라인 의류 업체 '키드픽'은 어린이 옷, 신발, 모자를 일정 주기마다 배송해 주는 의류 구독 서비스예요. 키드픽은 4주, 6주, 12주 등 소비자가 신청한 간격으로 옷을 보내 줘요. 어린이는 마음에 드는 옷, 유행하는 옷을 입어 자신감이 높아져요. 부모는 옷 사는 비용, 옷 사러 가는 시간을 줄일 수 있어 만족도가 높아요.

구독경제가 늘고 있는 두 번째 이유는 기업이 구독 형태의 판매를 원하기 때문이에요. 구독은 영어로 'subscription'이에요. '고객이 구매를 약속하고 사인한다'는 의미를 지녔어요. 구독 계약은 물건을 지금 사고, 미래에도 산다고 기업과 약속하는 거예요. 기업이 구독경제 형태로 물건을 팔고 싶은 이유가 바로 이 '약속' 때문이에요. 이번 달뿐 아니라 다음 달에도, 그다음 달에도 상품을 사 주기로 고객이 약속했으니 안정적인 매출이 생기잖아요.

구독경제로 판매하면 고객을 확보하기도 쉬워요. 이번 달에 대나무 칫솔과 친환경 치약을 C 고객에게 팔았어요. 다음 달에 이 칫솔과 치약을 살 새로운 고객을 찾는 노력보다, 그 상품을 좋아할 확률이 높은 C 고객이 사도록 마케팅하는 비용이 훨씬 적게 들어요.

단, 기업이 구독 고객에게 '깜짝 놀랄 만한' 혜택을 주어야 이 약속이 유지될 수 있어요. 미국의 아마존은 '아마존 프라임'이라는 택배 구독 서비스에 가입하면 추가 비용 없이 대부분의 지역에 이틀 내에 물건을 배송해 줘요. 땅덩어리가 넓어 배송이 오래 걸리는 미국에서는 엄청나게 편리한 서비스예요. 아마존 프라임 회원에게는 동영상, 음악, 책 등의 콘텐츠를 무료로 이용할 수 있는 혜택도 줘요. 구독을 신청하면 한 달간 무료로 볼 수 있게 해 주는 넷플릭스, 12개월 구독 계약을 하면 13개월 동안 이용할 수 있는 전자책 밀리의 서재 등도 '깜짝 놀랄 만한' 혜택을 주어 고객을 붙잡는 거예요. 이런 혜택을 경험한 고객들이 매월 회비를 내면서 기업과 계약을 유지하기 때문에 구독경제 형태의 서비스가 점점 늘어나고 있어요.

언제든 끊을 수 있는 게 구독경제의 장점이라고?

구독경제의 가장 큰 장점은 가격이 싸다는 거예요. 비싸서 구매를 망설이던 소비자에게 매월 조금씩 돈을 나누어 내게 해 주면서 새로움과 편리함을 제공해요.

미국에서 가장 유명한 면도기 회사 질레트는 한때 시장 점유율이 70퍼센트에 달했어요. 면도기가 필요한 사람 열 명 중 일곱 명은 질레트 면도기를 샀다는 얘기예요. 질레트는 시장에서의 높은 지위를 이용해 소모품인 면도날 가격을 매년 올렸어요. 이를 지켜본 마이클 더빈이라는 젊은이가 '달러 셰이브 클럽'이라는 작은 회사를 만들었어

요. 매달 1달러를 내면 면도날을 보내 주는 구독 서비스 회사였어요. 마트나 인터넷에서 직접 구매해야 하는 불편을 없애 주고, 질레트보다 저렴한 가격에, 집까지 보내 주는 구독 서비스에 소비자들은 열광했지요. 이 회사는 5년 만에 320만 명이 넘는 회원을 확보했어요. '달러 셰이브 클럽'의 구독 서비스로 질레트의 면도날 시장 점유율은 20퍼센트대로 떨어졌고요. 이후 '달러 셰이브 클럽'의 성장 가능성을 높이 평가한 세계적인 생활용품 업체 유니레버가 이 회사를 인수하여 사업을 이어 가고 있어요.

구독경제의 또 다른 장점은 해지가 쉽다는 점이에요. 소비자가 상품이 마음에 들지 않거나 필요 없어지면 언제든 구독 계약을 끊을 수 있어요. 기존에는 기업이 제품이나 서비스를 한꺼번에 소비자에게 팔면 관계가 끝났어요. 구독경제에서 기업과 소비자의 관계가 계속 이어질지 말지는 오로지 소비자가 결정해요. 예전에는 자동차가 필요하면 목돈을 주고 사는 방법밖에 없었어요. 자동차가 마음에 들지 않더라도 일정 기간 동안 타야만 했죠. 구독경제를 이용하여 자동차를 사면 마음에 들지 않을 때 언제든 계약을 해지할 수 있어요. 혹은 자동차를 바꿔 탈 수도 있고요. 구독경제로 차를 판매한 회사는 소비자와 관계를 유지하기 위해 품질을 높이고 서비스도 개선해요. 구독경제에서는 모든 선택의 권한을 소비자가 가지고 있으니까요.

가랑비에 옷 젖는지 모르는 구독경제

구독 서비스를 이용하다 보면 매월 나가는 돈이 적게 느껴져 잘 이용하지 않는 서비스도 그대로 방치하는 경우가 있어요. 예를 들어 수학 학습지 구독으로 한 달에 3만 원씩 내고 있어요. 수학 문제를 제대로 풀지 않아도 이 돈은 매달 통장에서 빠져나가요. 이 돈이 쌓이면 1년에 36만 원, 2년에 72만 원이라는 큰돈이 돼요. '가격이 저렴하다'는 구독경제의 가장 큰 장점이 단점으로 작용하는 거예요. 이렇게 구독으로 고정 지출이 계속 쌓이면 생각보다 큰 지출이 될 수 있어요.

해지가 어려운 구독도 있어요. 흔히 '렌털'이라 불리는 정수기, 공기청정기 등의 구독은 기업이 소비자에게 비싼 기계를 빌려주어요. 기업은 기계 비용을 되돌려받아야 하니 1~2년, 길게는 5년까지 사용을 약속하는 계약을 맺어요. 소비자가 중간에 계약을 해지하려면 남은 기계 가격을 물어내야 해요. 중간 해지가 어렵고, 손해를 볼 수 있는 구독 서비스도 있으니 신중하게 생각하고 결정해야 해요.

독특한 구독 서비스

국립과천과학관에서는 신청자를 모집하여 과학 실험 키트를 보내 주는 구독 서비스를 운영해요. 바이러스, 자석의 힘 등 과학적 호기심을 이끌어 내는 흥미로운 실험 주제로 이루어져 있어요.

그림도 구독 서비스로 이용할 수 있어요. 3개월 단위로 새로운 그림을 빌려주는 식이지요. 전문가가 고객의 취향, 그림을 걸어 놓을 장소 등을 고려해 적합한 그림을 선정해요. 기업, 은행, 병원, 카페 등에서 이 서비스를 많이 이용해요.

매월 10여 종의 과자를 보내 주는 과자 구독 서비스도 있어요. 달마다 새로운 주제로 스낵, 비스킷, 초콜릿 등 다양한 과자를 경험할 수 있어 인기가 높아요.

반려견 용품도 구독할 수 있어요. 구독 신청 할 때 반려견의 정보를 입력하면 그에 적합한 사료, 간식, 장난감, 미용 용품 등 다양한 제품을 보내 줘요.

미국에서는 양말 구독이 큰 인기를 끌었어요. 구멍 난 양말을 신던 남성, 양말을 패션으로 받아들이는 여성 들에게 특히 인기래요.

합리적인 '체리슈머'가 늘어난다고?

케이크 위의 새콤달콤한 체리만 쏙쏙 골라 먹는 얌체 같은 사람을

'체리피커'라고 해요. 이 말은 구매는 하지 않으면서 혜택만 챙겨 가는 이기적인 소비자를 가리킬 때도 써요. 체리피커는 얌체 소비자라는 부정적인 이미지가 있죠.

한 경제학자는 알뜰하고 계획적으로 구매하는 합리적인 소비자를 '체리슈머'라고 정의했어요. 자신의 필요에 맞춰 알뜰하고 계획적으로 구매하는 사람들이죠. 구독 서비스가 늘어나는 이유도 체리슈머의 등장과 관련이 있어요. 1인 가구가 증가하면서 적은 양을 살 수 있는 소포장, 언제든 구매를 취소할 수 있는 조건이 소비의 중요한 요소로 작용하거든요. '체리슈머'들은 반으로 잘라 포장해 놓은 양배추, 한 사람이 먹기에 적당한 양인 200그램씩 포장한 삼겹살을 사요. 대용량보다 비싼 것을 알면서도 꼭 필요한 만큼만 사서 음식물을 버리지 않는 쪽을 택하는 거예요. OTT 구독 서비스를 신청했다가 보고 싶은 영화만 보고 바로 취소해요. 보고 싶은 영화가 생기면 다시 구독하고요.

기업에서는 체리피커든, 체리슈머든 반갑지 않을 수 있어요. 하지만 언제든 다시 고객이 될 수 있고, 평판에 영향을 미치기 때문에 함부로 대할 수는 없어요.

앞으로 1인 가구가 점점 늘고 경제 불황이 길어지면서 좋은 점만

쏙쏙 골라 쓰는 체리슈머는 계속 증가할 거래요. 기업에서는 늘어나는 체리슈머에 대비하여 초저가 상품을 내놓는다거나, 샘플을 먼저 써 볼 수 있게 해서 손해를 줄이려고 노력하고 있어요.

세계 최초의 구독경제 품목이 지도였다고?

구독경제는 생각보다 훨씬 오래전부터 있었어요. 중세 유럽에는 항해에 필요한 지도를 계속해서 업데이트해 주는 사업이 있었대요. 지도를 '구독'한 것이지요. 1900년대 미국에는 트럭 배터리를 충전해서 빌려주는 '배터리 충전 구독 서비스'가 있었어요.

현재 세계에서 가장 성공한 구독 서비스를 꼽자면 단연 넷플릭스예요. 넷플릭스는 매월 일정한 금액을 내면 영화, 드라마 등의 동영상을 무제한으로 볼 수 있는 '온라인 동영상 스트리밍 서비스' 회사예요. 1990년대에는 매월 요금을 내는 소비자에게 영화 DVD를 빌려주는 회사였어요. 그때는 인터넷이 발달하기 전이어서 우편이나 택배를 이용해 보내 주었지요. 이후 각 가정에 초고속 인터넷 서비스가 자리 잡자 구독 서비스는 유지하면서, 전송 방식을 인터넷과 결합하는 형태로 바꾸었어요.

넷플릭스는 구독자의 관심과 취향에 맞는 영화를 추천해 주는 기능, 영화나 드라마를 자체 제작하여 독점으로 공개하는 방식으로 구독 서비스를 차별화하고 있어요. 그 결과 190여 개국에서 2억 3,000만 명의 구독자를 확보하며 세계 OTT 시장을 이끌고 있어요.

패스트패션과 소비

사도, 사도, 또 옷을 사고 싶다고?

"이루다! 또 이러고 있어? 학교 갈 시간 다 되었는데 가방도 안 챙겼네! 엄마랑 같이 가려면 서둘러. 안 그럼 엄마도 지각이야. 5분 내로 준비 끝내!"

엄마는 루다의 방문을 벌컥 열고는 폭풍 잔소리를 시작했어요. 루다는 거울 앞에서 사진을 찍고 있었어요. 초등학교 6학년 루다는 '한솔초등학교 패셔니스타'예요. 늘 최신 유행 옷을 입고, 옷에 맞는 액세서리와 신발까지 갖춘 완벽한 차림으로 다녔거든요.

"루다는 우리 학교 패션모델이라니까!"

"루다야, 그 옷 어디서 샀어? 나도 사고 싶은데, 가르쳐 주면 안 될까?"

선생님과 친구들의 칭찬을 들을 때면 기분이 너무 좋았어요. 그

기대에 맞추기 위해 옷을 더 자주 샀어요. 오늘은 어젯밤 도착한 크롭 티셔츠와 카고 바지를 입어 보고 있었어요.

"이제 나갈 거란 말이야!"

루다는 외투를 입으며 엄마에게 뽀로통하게 대답했어요. 바쁜 아침이었지만 루다는 얼른 새 옷 입은 사진을 SNS에 올렸어요.

"너, 그 차림으로 학교 가려고? 지금 바깥 날씨가 영하 2도인데 그렇게 배꼽이 훤히 드러나는 옷을 입고 나간다고?"

"엄마는 패션을 너무 모른다니까! 요즘 이렇게 윗옷이 짧은 게 유행이야. 그래야 다리가 길어 보이거든."

"사람들이 자꾸 패션모델이라고 칭찬하니까 점점 더하네. 이번 달 옷 주문은 이 택배로 끝이야. 옷장 좀 봐. 곧 터질 것 같아. 옷장에 가격표도 안 뗀 옷이 수두룩하게 쌓여 있어. 다 언제 입을래?"

"SPA 브랜드 '유라' 매장에 갈 때마다 새로운 옷이 걸려 있어서 어쩔 수 없어. 유라는 마음에 드는 옷이 있을 때 사지 않으면 다시는 구할 수 없단 말이야. 내가 입는 S 사이즈는 가장 빨리 품절돼서 보일 때 사야 해."

엄마는 루다 방 여기저기 흩어져 있는 옷들을 한곳으로 모으며 한숨을 길게 쉬었어요.

"그게 다 패스트패션의 마케팅 전략인 거 몰라? 새로운 디자인의 옷을 매주, 매일 내놓아서 소비자가 사도, 사도, 또 사고 싶게 만드는 거.”

"알지만, 자꾸 사고 싶은 옷들이 생긴단 말이야……. 내가 나중에 패션모델 되어서 돈 많이 벌면 옷 산 돈 다 갚을게.”

루다가 자신 있게 말하자 엄마는 어이없다는 듯 픽 웃었어요.

"얼른 나와! 너 데려다주고 엄마도 출근하려면 늦었어!”

엄마 차를 타고 학교 가는 길, 지하철역 사거리에 있는 건물 1층 유라 매장 앞에 사람들이 길게 늘어서 있었어요.

"저기 유라 매장에 사람이 왜 이렇게 많지? 오늘 무슨 날인가?”

운전하던 엄마도 잠시 고개를 돌려 유라 매장을 내다보았어요.

"오늘이 그날인가 보네. 유라와 명품 브랜드 마틸다가 컬래버레이션한 옷들 판매하는 날. 저 사람들은 그 옷을 사기 위해 '오픈런*' 하려고 줄 서 있는 거고.”

"유라와 마틸다 컬래버레이션? 그거 유라와 마틸다가 공동 작업한다는 뜻이지? 명품 디자이너가 디자인한 상품을 SPA 브랜드 유라가 생산해서 싸게 파는 거.”

"역시 이루다는 옷을 많이 사니까 그런 것도 알고 있네! 컬래버레이션 제품은 두 가지 브랜드를 사는 효과가 있고, 흔치 않은 상품이라는 희소성이 있어서 서로 사려고 해. 패션은 희소성의 가치가 크

오픈런 매장이 오픈하면 바로 달려간다는 뜻의 신조어로, 물건을 구매하기 위해 줄을 서 매장 개점 시간을 기다리다가 문이 열리면 달려가 구매하는 것을 의미함.

게 작용하는 산업이거든."

"학교 안 가고, 저기 가서 옷 사고 싶다!"

엄마는 차 안 거울로 뒤에 앉은 루다를 보면서 말했어요.

"요즘 의류 쓰레기가 얼마나 심각한지 알아? 유행하는 디자인의 옷을 저렴하게 살 수 있는 패스트패션은 옷을 필요 이상으로 많이 사게 만들어. 사람들은 싸다고 사서는 싫증 나면 바로 버려. '의류 쓰레기'라고 검색해 봐. 버려진 옷들이 산을 이룬 사진을 보면 지구한테 미안해서 옷을 더는 못 살걸?"

루다는 엄마 말이 제대로 들리지 않았어요. 루다에게는 환경이나 지구보다 멋지고 예쁜 옷이 훨씬 중요하니까요.

학교에 도착해서도 루다는 내내 유라 매장에 서 있는 사람들 생각만 났어요. 그 안에 루다도 줄 서 있는 상상을 했어요. 아침 자유 놀이 시간에 짝꿍 지민이가 루다 옆으로 바짝 다가오며 말했어요.

"루다야, 이 사진 좀 봐!"

"뭔데?"

루다는 지민이가 보여 주는 스마트폰 화면을 보았어요. 유라 매장 앞에 사람들이 줄 서 있었어요.

"우리 언니가 지금 유라 매장에 갔는데, 옷 사려고 늘어선 줄이 100미터도 넘는대."

"나도 학교 오다가 봤는데, 지금은 줄이 더 기네?"

"원래 마틸다에서 200만 원쯤 하는 겨울 외투를 유라가 생산해서 5만 9,000원에 판대. 이거 사서 바로 중고 거래 플랫폼에 되팔아도 10만 원은 받을 수 있대."

"진짜? 그렇게 가치 있대?"

그때부터 루다는 아랫배가 살살 아프기 시작했어요.

'아침에 먹은 크림빵이 잘못되었나?'

루다는 선생님께 말씀드리고 보건실에 가서 약을 먹었어요. 1교시 수업 시간에 보건실 침대에 누워 있었는데도 나아지지 않았어요. 보건 선생님은 루다 엄마에게 전화를 걸었어요.

"루다가 약을 먹었는데도 낫지 않나 봐요. 아무래도 병원에 가 보는 게 좋을 것 같아요."

"선생님, 제가 지금 회사에서 집으로 갈 테니 루다에게 조퇴하고 집에 가 있으라고 해 주세요. 루다가 다니는 병원이 집 앞이거든요."

루다는 아픈 배를 움켜쥐고 학교를 나와 천천히 걸었어요. 길 건너편 유라 매장에는 여전히 사람들이 길게 줄 서 있었어요.

'엄마가 집까지 오려면 한 시간쯤 걸리니까, 유라 매장에 들어가 볼까? 원래 200만 원짜리인데 5만 9,000원에 판다는 그 옷 구경만 하지 뭐!'

새로운 옷을 볼 생각을 하니까 배도 안 아픈 것 같았어요.

"다음은 대기 번호 500번부터 600번까지 들어가세요. 밀지 마시고, 차례대로 들어가세요."

유라 매장 앞에는 주황색 조끼를 입은 안전 요원들이 사람들을 안내하고 있었어요.

'얼마나 좋은 옷이기에 이렇게 줄까지 서지?'

줄을 서면서 루다는 꼭 그 옷을 입어 봐야겠다고 결심했어요.

30분쯤 기다렸을 때, 드디어 루다도 매장 안으로 들어갈 수 있었어요. 유라 매장은 지난주에 왔을 때와 완전히 다른 옷이 걸려 있었어요. 매장 한편에 마틸다 디자이너의 사진이 크게 보였어요. 사진 아래에는 '유라-마틸다 컬래버레이션'이라고 쓰여 있었어요. 루다는 5만 9,000원짜리 옷을 찾았으나 보이지 않았어요. 매장 직원에게 그 옷이 어디 있는지 물었어요.

"마틸다가 디자인한 메리노 울 100퍼센트 코트 말씀이지요? 매장 문 연 지 5분 만에 전국 품절이에요. 잘 아시겠지만, 유라는 아무리 잘 팔리는 옷도 다시 만들지 않는다는 원칙이 있어서 이번 시즌에는 구하기 어려울 거예요."

루다가 실망하여 돌아서는데, 한 아줌마가 매장 직원에게 말을 걸었어요.

"이거 아까 샀는데, 환불해 주세요. 다들 좋다기에 샀는데 나는 못 입겠어요. 겨울 외투는 5년에서 10년은 입을 수 있어야 하는데, 이건 한 해만 지나면 보풀이 일어날 소재야. 패스트패션은 한두 해 입고 버릴 품질이라더니, 정말 그렇네."

"아무래도 옷의 원가를 저렴하게 맞추다 보니 그럴 수밖에 없어요. 결제하셨던 카드 주시면 바로 환불해 드릴게요."

이들의 대화를 듣고 있던 루다는 아줌마가 내놓은 외투를 집어 들었어요. 그리고 당당하게 말했어요.

"이거 제가 살게요!"

아줌마와 매장 직원은 눈이 동그래져서 루다를 쳐다보았어요.

"L 사이즈라 많이 클 텐데……."

루다는 순간 멈칫했어요. 머릿속에는 여러 말이 떠돌았어요. '전국 품절' '다시 생산하지 않음' 같은 말이요.

매장 직원은 루다에게 친절하게 다시 물었어요.

"정말 구매하시겠어요?"

"네!"

"결제는 어떤 걸로 하시겠어요?"

"네?"

루다는 순간, 가방 속에 있는 5만 원짜리 백화점 상품권이 생각났어요. 며칠 전 아빠가 루다 방에 들어와서 조용히 내밀었던 상품권이에요.

"쉿! 이거 아빠가 회사에서 선물로 받은 건데, 루다 줄게. 엄마한테는 비밀이다. 엄마가 알면 또 옷 사는 돈 주었다고 아빠 잔소리 들어."

루다는 5만 원짜리 상품권과 이번 주 용돈 1만 원을 보태 유라의 네팔산 메리노 울 100퍼센트 겨울 외투를 결제했어요. '중고 거래 플랫폼에서 당장 되팔아도 10만 원을 받을 정도로 가치 있다'던 지민이의 말을 떠올리면서요.

그때 휴대전화가 울렸어요. 엄마 전화번호가 뜬 걸 보고서야 루다는 배가 아파서 조퇴하고 집에 가는 길이었다는 사실이 떠올랐어요.

"너 어디야? 엄마가 집에 왔는데, 아직 안 왔네?"

"어? 그게…… 일이 좀 있어서……."

"일? 무슨 일? 너 혹시 학교에서 수업 듣기 싫어서 꾀병 부린 거야?"

"아, 아니야. 그건……."

루다는 다시 배가 사르르 아팠어요. 두리번거리면서 화장실을 찾았어요.

'으윽, 급똥이다! 똥 누면서 엄마에게 뭐라고 말할지 생각해 봐야겠어.'

루다는 엉덩이에 힘을 꽉 주고 화장실로 뛰어갔어요.

생각해 봅시다
유행을 따르는 게 세상에서 가장 착하지 않은 소비라고?

루다는 옷장에 옷이 가득한데 자꾸만 새 옷을 사고 싶어 해요. 이미 옷이 충분한데 또 구매하고, 샀다가 싫증 나면 언제든 버려요. 유행, 취향에 따라 끊임없이 옷을 사는 루다의 소비는 현명한 경제 활동일까요?

루다: 새로운 옷을 보면 자꾸 사고 싶은데 어떻게 해요? 멋쟁이 소리를 들으려면 어쩔 수 없다고요. 저에게는 환경이나 지구보다 유행이나 예쁜 옷이 훨씬 중요해요. 어차피 소비는 '만족'을 위한 거잖아요. 저는 옷을 살 때 가장 만족스럽고, 옷을 살 때 쓰는 돈은 하나도 아깝지 않아요.

지민: 옷은 꼭 필요한 만큼만 있으면 되는 거 아니에요? 패스트패션은 물건을 소유하고 싶은 인간의 심리를 자극해 자꾸 옷을 사도록 부추겨요. 그런 사람들 때문에 사막에 의류 쓰레기 산이 생기는 거라고요. 필요 이상으로 물건을 자꾸 사는 건 개인에게는 낭비이고, 사회적으로는 환경 오염의 원인이에요.

햄버거처럼 빨리, 유행하는 옷을 만든다고?

'패스트패션'은 최신 유행을 즉각 반영한 디자인, 저렴한 가격, 빠른 상품 회전을 특징으로 하는 패션 산업을 말해요. 전 세계에 매장이 있어 어디를 가도 똑같은 옷을 살 수 있어요. 주문하면 바로 먹을 수 있는 패스트푸드 햄버거처럼, 옷도 빠르게 제작해 빠르게 유통한다고 해서 패스트패션(fast fashion)이라는 이름이 붙었어요.

SPA는 미국의 'GAP'이라는 브랜드가 1986년에 시작한 사업 형태예요. 상품 기획·디자인, 생산·제조, 유통·판매까지 전 과정을 한 회사가 직접 하는 의류 전문점을 말해요. 모든 과정을 자체적으로 처리하여 옷값을 크게 줄일 수 있었지요.

패스트패션이 등장하기 이전, 보통 패션 업체들은 계절별로 신상품을 내놓았어요. 패스트패션 브랜드는 1~2주 단위로 새로운 상품을 매장에 걸어요. 일부 브랜드는 사나흘에 한 번씩, 혹은 매일 새로운 스타일의 옷을 내놓기도 해요. 유행을 재빨리 파악하여 그때그때 소비자의 흥미를 끌 상품을 판매하는 거예요. 할리우드 스타가 입은 옷이 주목받으면, 패스트패션 브랜드는 바로 비슷한 스타일의 옷을 만들어 2~4주 후면 진열해요. 소비자들의 기억에서 사라지기 전에 말이에요.

패스트패션의 등장 이후 사람들은 옷을 몇 번 입다가 언제든 버려도 괜찮은 '일회용품'으로 생각하게 되었어요. 가격 부담이 적으니 마음에 들면 언제든 새 옷을 사요. 유행이 지나거나, 마음이 바뀌면 패스트패션 브랜드에서 산 옷을 버려요. 싸게 샀으니 버려도 아깝지 않죠.

　패스트패션은 저렴한 가격에 비해 디자인이 우수해요. 하지만 대체로 품질은 떨어져요. 싼 가격이 우선이니 고급 품질의 옷을 만들기는 어려워요. 소비자들이 빨리 새 옷으로 교체할 수 있도록 한 계절, 혹은 한 해 정도 입으면 버릴 수밖에 없는 품질로 옷을 만든답니다.

아무리 잘 팔려도 더 만들지 않는다고?

　사람들이 원하는 것에 비해 물건이 부족할 때 값어치가 높아지는 현상을 '희소성의 법칙'이라고 해요. 희소성이 있으면 물건 가격이 올라가고, 희소성이 없으면 물건 가격이 내려가요. 다이아몬드는 희소성이 높아요. 땅에 묻혀 있는 양에 비해 가지고 싶어 하는 사람이 많으니까요. 물은 희소성이 낮아요. 어디서나 쉽게 구할 수 있기 때문이지요. 만약 환경 오염으로 깨끗한 물을 구하기 어려워지면, 물은 희소성이 높아질 거예요.

　코로나19가 처음 유행하던 시기에 마스크가 부족했어요. 감염 방지를 위해 찾는 사람이 많아졌는데, 마스크를 만드는 원료와 시설이 부족했어요. '마스크가 희소해진 것'이에요. 평소 한 장당 200~500원쯤이던 마스크 가격이 2,000원까지 올라갔어요. 코로나19가 잠잠해지고, 마스크 생산량이 늘면서 요즘은 원래 가격을 되찾았어요. 이처럼 희소성이 주는 가치는 상황에 따라 변해요.

패션은 희소성의 가치가 명확하게 드러나는 산업이에요. 어떤 옷을 사려는 사람은 많은데 생산량이 적으면 희소성이 높아져요. 해외 명품 브랜드는 종종 팔리지 않은 의류, 가방, 향수 등을 불태워요. 싸게라도 팔면 이익일 텐데, 왜 환경 부담금*까지 내면서 상품을 태워 버릴까요? 역시나 희소성 때문이에요. 시장에서 자신들의 브랜드가 누구나 살 수 있는 싼 가격에 팔리거나, 물건이 너무 많이 돌아다니면 서로 갖고 싶어 하는 희소성이 떨어져요. 비싼 명품 브랜드들은 상품을 불태워서라도 희소성의 가치를 유지하려는 거예요.

패스트패션의 대표 브랜드 자라는 아무리 잘 팔리는 옷도 더 만들지 않아요. '이 시즌이 지나면 원하는 디자인이나 사이즈를 구할 수 없

다'는 인식을 심어 주어 그 옷을 그때 반드시 사도록 만드는 '희소성 법칙'을 추구하는 거예요.

패스트패션에는 노동자의 눈물이 배어 있다고?

패스트패션의 가장 큰 장점은 옷값이 싸다는 거예요. '시즌 오프 세일'이나 '특별 할인'을 이용하면 3,900원짜리 티셔츠, 1만 9,900원짜리 외투도 '득템'할 수 있어요.

패스트패션이 이렇게 옷을 싸게 팔 수 있는 이유는 대량 생산 덕분이에요. 패스트패션 브랜드는 전 세계 매장에서 판매할 옷을 한꺼번에 만들어요. 티셔츠 1,000벌을 만들 때 한 벌당 10달러였던 생산 원가는 생산량이 1만 벌로 늘면 5달러로 뚝 떨어져요. 한꺼번에 많은 양을 생산하면 원료를 싸게 살 수 있고, 기계 사용이 익숙해져 생산성이 높아지거든요. 티셔츠 1,000벌을 만들 때 열 명의 노동자가 필요했다고 해서, 1만 벌을 만들 때 꼭 100명이 필요한 것은 아니에요. 노동자도 능숙해져 70명만 있어도 1만 벌을 생산할 수 있어요. 단추나 지퍼 같은 옷의 부자재를 알뜰하게 사용할 수도 있고요. 이렇게 상품을 대량으로 생산할수록 생산 원가가 줄어드는 현상을 '대량 생산의 법칙'

환경 부담금 환경을 보존하기 위해 환경 오염에 대한 책임이 있는 사람이나 조직에 부과하는 돈.

이라고 해요. 패스트패션은 엄청난 대량 생산으로 생산 비용을 줄여, 저렴한 가격에 옷을 팔아요.

　패스트패션의 옷값이 저렴한 또 다른 이유는 인건비가 싼 방글라데시, 스리랑카, 인도네시아 등에 공장이 있기 때문이에요. 이들 나라의 노동자들이 열악한 환경에서 적은 임금, 긴 노동 시간을 견디며 의류를 생산한 덕분에 옷값이 싼 거예요. 2013년, 방글라데시에서는 9층짜리 의류 공장이 무너지면서 1,000여 명 이상이 목숨을 잃고, 2,500여 명이 다치는 끔찍한 사고가 있었어요. 희생자 대부분은 공장에서 일하던 10대, 20대 여성들이었어요. 이들이 한 달 내내 일하고 받은 월급은 당시 기준으로 우리 돈 4만 원 정도였어요.

소비자의 지갑을 열게 만드는 마케팅, 컬래버레이션

　전 세계 패션 산업을 움직이는 패스트패션 회사들은 다양한 마케팅으로 소비자들의 구매 욕구를 자극해요. 몇 해 전 유니클로에서는 세계적인 디자이너 질 샌더가 디자인하고 유니클로가 생산한 '컬래버레이션' 의류를 내놓았어요. 소비자들은 "200만 원짜리 질 샌더 코트를 20만 원에 살 수 있다"라며 밤새 줄을 섰어요. 질 샌더-유니클로 공동 작업 더플코트는 매장을 연 지 불과 2분 만에 전국 품절이었다고 해요. "평소에는 사기 어려운 질 샌더 디자이너의 옷을 유니클로 옷 가격에 산다"라고 마케팅하여 소비자의 지갑을 열게 만든 거예요.

 명품과 스포츠의 컬래버레이션 상품으로 주목받은 '아디다스-구찌', 일명 '구찌다스' 컬렉션도 한때 화제를 낳았어요. 구찌와 아디다스 로고가 한 제품에 박혀 있었지요. 두 가지 브랜드를 구매하는 효과와 희소성을 동시에 얻을 수 있다는 장점 때문에 비싼 가격에도 소비자들은 앞다투어 지갑을 열었어요.

 패스트패션의 변치 않는 마케팅 전략은 '사도, 사도, 또 사고 싶게 만드는 것'이에요. 옷장에 옷이 많은데 또 사도록 욕구를 자극하죠. 패스트패션 매장에 날마다 새로운 옷이 걸려 있으니, 소비 욕구도 날마다 새롭게 자라나요. '품절 임박' '한정판' '아이돌 그룹 ○○ 착용 상품' 등의 문구는 소비자의 심리를 자극하여 상품을 사도록 주문을 걸어요.

청바지 한 벌을 만드는 데 물을 7,000리터나 쓴다고?

 패스트패션은 처음부터 끝까지 '환경 파괴 산업'이라고 해도 과언이 아니에요. 패션 산업이 배출하는 온실가스가 전 세계 배출량의 10퍼센트를 차지한대요. 이는 배, 비행기 등 교통수단에서 발생하는 온실가스보다 많은 양이에요. 전 세계 폐수의 20퍼센트가 패션 산업에서 나와요. 청바지 한 벌을 만드는 데 물 7,000리터가 쓰여요. 7,000리터는 4인 가족이 일주일 동안 쓸 수 있는 양이에요.

속옷이나 티셔츠로 많이 쓰이는 면직물은 목화로 만들어요. 패스트 패션에서 필요한 수량을 소화하려면 어마어마한 양의 목화가 필요해요. 목화는 병충해가 많은 식물이라 한꺼번에 많이 생산하기 어려워 목화 생산량을 늘리기 위해 독한 살충제를 뿌려요. 목화의 유전자를 변형하여 병충해가 살아남지 못하는 독성을 지니도록 만들기도 해요. 독한 살충제를 흡입한 농부는 병에 걸리고, 목화 잎을 따 먹은 동물은 목숨을 잃어요. 독한 화학 비료가 스며든 땅은 생명력을 잃고요.

합성 섬유는 사정이 더 심각해요. 패스트패션 회사는 가격을 낮추기 위해 '폴리에스터'라는 합성 섬유를 자주 사용해요. 폴리에스터는 석유를 사용해서 만드는 플라스틱의 일종이에요. 제조 과정에서 면 섬유의 세 배에 달하는 탄소를 배출해요. 세탁할 때마다 미세 플라스틱

이 떨어져 바다로 흘러가요. 폴리에스터와 같은 합성 섬유는 플라스틱이라서 수백 년이 지나도 썩지 않아요.

칠레 북부의 아타카마 사막을 찍은 위성 사진이 화제가 된 적이 있어요. 편평한 모래사막이어야 할 이곳에 거대한 산이 보여요. 이 산의 정체는 바로 '의류 쓰레기'였어요. 버려진 옷이 쌓이고 쌓여 거대한 산을 이루었고, 이를 우주에서도 알아볼 수 있을 정도였어요. 쓰레기가 뒤덮은 면적은 축구장 아홉 개와 맞먹는 규모였어요.

아타카마 사막에 모인 쓰레기는 방글라데시, 인도네시아 등 개발도상국에서 생산해 미국이나 유럽 등으로 팔려 나간 의류들이에요. 선진국들은 버려진 옷을 개발도상국에 돈을 주고 보내요. 자기 나라에서 처리하기 어려운 쓰레기를 돈을 주며 가난한 나라에 수출하는 거예요. 아타카마 사막의 의류 쓰레기 산은 선진국들이 버린 옷을 개발도상국인 칠레가 돈을 받고 수입하여 주인 없는 땅인 사막에 버려서 생겼어요. 의류 쓰레기 산은 칠레뿐 아니라 가나, 인도네시아, 캄보디아 등 개발도상국에서 쉽게 찾아볼 수 있어요. 버려진 옷은 악취를 내뿜어요. 화학 처리를 해 수백 년이 지나도 썩지 않고 땅과 바다를 오염시키지요.

이곳의 의류 쓰레기는 주로 미국, 영국 등 패스트패션이 발전한 나라이자 세계 최대의 헌 옷 수출국에서 나왔어요. 한국은 괜찮냐고요? 2020년 기준, 한국은 헌 옷 수출 세계 5위 국으로 미국, 중국, 영국, 독일 다음이에요. 지구 곳곳의 의류 쓰레기 산에 한국에서 버린 옷이 다섯 번째로 많다는 뜻이에요.

쇼핑하기 좋은 날이 따로 있다고?

영국과 캐나다, 호주 등 영국과 관련 깊은 나라들은 크리스마스 다음 날인 12월 26일을 '박싱데이(boxing day)'라고 불러요. 크리스마스와 이어진 휴일로 정하는 나라가 많고요. 중세 시대 영국에서 귀족들이 크리스마스에도 일한 하인들에게 12월 26일에 휴가를 주고, 돈, 선물, 음식을 담은 상자를 마련해 준 데서 유래한 말이지요.

현대에 와서는 크리스마스 이후 소매상들이 특별 할인 하는 쇼핑 시즌을 '박싱데이'라고 불러요. 크리스마스 때 팔고 남은 물건을 털어 내고 새해를 새롭게 시작하기 위해 연말에 대폭 할인해 판매하는 거죠. 요즘에는 우리나라에서도 '박싱데이'라는 말을 붙여 할인 이벤트를 열기도 해요.

미국에서는 11월 추수감사절 다음에 오는 첫 번째 금요일을 '블랙프라이데이'라고 해요. 일 년 중 가장 큰 쇼핑 행사 기간이지요. '다음 해로 재고를 넘겨 창고 비용과 유통 비용을 지출하느니 차라리 싸게 팔아서 창고를 비워 버리자'는 취지에서 재고 떨이를 하는 기간이에요. 연말 보너스를 받은 미국 소비자들은 1년 내내 기다렸다가 밤새 줄을 서서 가전, 가구 등을 사요. 미국 소매상들의 블랙프라이데이 판매액은 연간 매출액의 70퍼센트 정도나 된대요.

플랫폼과 마케팅

카카오톡이 공짜가 아니라고?

"지효야 일어나! 할머니한테 가자!"

토요일 아침, 엄마가 방문을 열면서 지효를 깨웠어요.

"엄마, 나 일어났어!"

"일어났으면 씻고 아침밥 먹어야지. 눈 뜨자마자 이불 속에서 또 망고톡이야?"

"내가 자는 사이에 온 망고톡이 337개야."

지효는 스마트폰 메신저 애플리케이션 망고톡에 '안 읽은 대화'를 뜻하는 숫자를 보여 주며 말했어요. 엄마는 재미있다는 듯 웃으며 말했어요.

"너희는 학교에서 매일 만나면서 무슨 할 말이 그렇게 많니?"

"만나서 할 수 있는 이야기랑 망고톡으로 할 수 있는 이야기가 달

라. 말로 표현하기 어려울 때는 이모티콘으로 대신해서 얼마나 좋은데!"

"하긴, 망고톡 같은 메신저 애플리케이션이 나오기 전에는 돈을 내고 통신사의 문자 메시지 서비스를 이용했지. 망고톡은 사용자가 따로 돈을 내지 않으니까 그렇게 마음대로 대화를 주고받을 수 있는 거야."

엄마는 지효 방 창문을 열면서 말했어요. 지효 스마트폰에서는 여전히 새로운 메시지 도착을 알리는 소리가 계속 울렸어요.

"얼른 나갈 준비 하라니까, 또 망고톡 열어?"

"잠깐만. 나 지금 중요한 이야기 중이야. 영채가 어제 킹버거 갔다가 하연이랑 은성이를 봤대. 뭐야? 걔들 나 왕따시킨 거야?"

'왕따'라는 말에 엄마도 깜짝 놀랐나 봐요.

"하연이와 은성이가 킹버거 간 게 우리 지효를 왕따시킨 일이야?"

"걔들 내가 학교 끝나고 김밥 먹고 가자고 했을 때, 학원 가야 해서 안 된다고 했거든. 그런데 지금 우리 반 단톡방에 영채가 킹버거에서 셋이 찍은 사진 올렸어. 칫."

"영채가 괜한 사진을 올려서 지효랑 친구들 사이 나빠지겠네!"

"영채가 사진을 올린 게 얼마나 다행인데! 나는 그것도 모르고 하연이랑 은성이한테 잘해 주었을 거 아니야? 내가 이래서 망고톡을 끊을 수가 없다니까. 우리 반 전체 단톡방, 여자 친구들 단톡방, 학원 친구들 단톡방, 하연이와 은성이가 있는 삼총사 대화방……. 다 확인해야 해. 친구들이 모두 망고톡으로 대화하는데 나만 안 하면 뒤처진다고."

지효는 여전히 망고톡에서 눈을 떼지 않았어요. 엄마는 이불을 들어 올리며 지효 엉덩이를 토닥였어요.

"망고톡 하면서 시간 다 보낼 거야? 오늘 지효 간다고 말씀드려서 할머니가 요양 병원에서 아침부터 기다리고 계실 거야!"

"참, 엄마! 오늘 영채 생일잔치 오후 세 시에 하는데, 그때까지 돌아올 수 있을까? 우리 삼총사랑 영채네 삼총사가 모이기로 했거든."

"점심 먹고 돌아올 거니까, 지금 출발하면 오후 세 시까지는 집에 충분히 도착할 거야!"

"그런데 하연이랑 은성이가 나 왕따시켜서 가기 싫다!"

"영채랑 약속했는데, 가는 게 좋지 않을까? 하연이랑 은성이가 왜 그랬는지 사정도 들어 보고."

"알았어. 잠깐! 이건 진짜 중요한 일이야. 영채가 다음 주 우리 모둠 활동지 보낸대. 활동지에 내용 적어서 다시 영채에게 보내야 해. 어차피 망고톡은 공짜니까 요즘은 중요한 대화를 거의 망고톡으로 주고받아."

"망고톡이 모두에게 공짜는 아니야. 망고톡은 기업에서 광고비를 받아서 운영해. 기업은 망고톡 이용자가 많으니까 광고 효과가 높을 거라 판단하고 망고톡 플랫폼에 비싼 돈을 내고 광고하고."

"오늘 아침에 나한테 '춘돌이 캐릭터 핫팩'이 새로 나왔다는 메시지가 왔는데, 그게 다 돈을 받고 하는 광고였어?"

"당연하지! 망고톡 플랫폼에서 상품을 파는 수수료, 이용자에게 광고하는 광고료 같은 수익이 있으니까 우리가 망고톡을 공짜로 사용할 수 있는 거야. 망고톡을 공짜로 사용하게 해 주면서 소비자로 묶어 놓는 거지. 얼른 씻어! 할머니 기다리실 거야."

지효가 준비를 마치고 거실로 나오니 아빠가 안 계셨어요.

"엄마, 아빠는? 할머니한테 안 가서?"

"아빠는 일이 있어서 새벽에 나가셨어."

"그럼 차는? 할머니 계신 요양 병원은 버스가 없어서 자동차로 가야 하잖아."

"아빠가 차를 가져가서 우리는 택시 타고 갈 거야. 엄마가 망고택시 불렀어. 지금 해오름공원 근처네. 3분 후 도착하니까 얼른 내려가자."

엄마는 스마트폰으로 망고택시의 이동 경로를 보면서 지효의 손을 잡아끌었어요.

지효는 택시에 타서도 여전히 망고톡을 들여다보았어요. 하연이가 삼총사 대화방에 먼저 톡을 보냈어요.

하연: 지효야, 아까 우리 반 단톡방에 영채가 킹버거에서 셋이 찍은 사진 올려서 기분 나빴지?

지효

하연: 은성이가 배고프다고 해서 갑자기 간 거야. 거기서 우연히 영채를 만났고.

은성: 진짜야!

지효: 너희들 정말 나 왕따시킬 거야?

하연: 그런 거 아니야!

지효: 나 기분 나빠서 오늘 영채 생일잔치 안 가려고 했어.

하연: 뭐? 한 달 전부터 기다려 온 생일잔치인데!

은성

은성

영채가 엄마한테 망고머니 5만 원이나 받았다고, 멜론 빙수 사 준다고 했어.

지효

망고머니?

음식점이나 카페에서 현금처럼 쓸 수 있어. 요즘 망고톡이 은행이나 신용카드 결제 같은 사업도 새로 시작했대.

하연

이 선물 받아!

지효

이거 '여름날의 펭귄' 시리즈네? 내가 좋아하는 캐릭터!

하연

네가 좋아할 줄 알았다니까! 😊

지효

좋아! 생일잔치 갈게.

친구들과 망고톡으로 대화하며 오해도 풀고 이모티콘 선물까지 받아 기분이 좋아진 지효는 옆에 앉은 엄마의 스마트폰을 들여다보았어요.

"엄마, 뭐 해?"

"망고쇼핑에서 할머니 드릴 내복 주문해. 할머니 계신 요양 병원으로 바로 보내려고."

"내복이나 속옷은 늘 중앙시장에 있는 쌍둥이네 속옷 가게에서 샀잖아? 온라인 쇼핑만 하면 전통 시장이 사라질 수 있다고. 전통 시장을 자주 이용해야 지역 상권이 살아난다고."

엄마는 멋쩍은 듯 웃었어요.

"엄마도 늘 고민이야. 온라인 쇼핑이 집까지 배달해 주니까 편리하거든. 망고톡은 사용자가 많은 플랫폼이라 할인율도 높아서 전통 시장보다 쌀 때가 많고. 망고쇼핑 핫딜이 떴네? 이걸 사야겠다."

그러는 사이 요양 병원에 도착했어요. 택시 요금은 따로 내지 않았어요. 망고택시를 부를 때 저장해 놓은 카드에서 자동으로 결제가 된대요.

요양 병원 마당에 할머니가 나와 계셨어요. 다리가 불편한 할머니는 간병인 아줌마가 밀어 주는 휠체어를 타고 계셨어요.

"할머니!"

지효는 달려가 할머니 품에 안겼어요. 할머니는 마른 손으로 지효의 얼굴을 쓰다듬어 주셨어요.

"우리 지효 왔어? 보고 싶었어."

엄마는 할머니 손을 살며시 잡았어요.

"엄마, 추운데 안으로 들어가요."

지효가 할머니 휠체어를 밀고 병실로 갔어요. 한참 이야기를 나누다가 엄마가 할머니에게 물었어요.

"엄마, 점심에 뭐 드시고 싶은 거 없어요?"

"나야 뭐, 지효가 먹고 싶은 게 할미가 먹고 싶은 거지. 우리 지효, 뭐 먹고 싶어?"

할머니가 지효를 바라보며 물었어요. 문득 지효는 할머니와 함께 살 때 먹었던 간짜장이 생각났어요. 지효네 집 앞 중국 음식점에 가서 할머니와 둘이 간짜장을 먹었을 때 너무 맛있었거든요.

"할머니! 간짜장 어때요? 예전에 할머니랑 저랑 둘이 먹으러 갔잖아요."

"그렇지! 그때 참 맛있었지. 그런데 간짜장을 여기서 어떻게 먹겠어? 여기는 외진 곳이고 중국 음식점 전화번호도 모르는데."

그때, 엄마가 말씀하셨어요.

"걱정하지 마세요! '망고의배달' 플랫폼에서 찾아보면 여기까지 배달해 줄 곳이 있을 거예요."

엄마는 '망고의배달' 플랫폼을 열어 요양 병원까지 배달해 주는 중국 음식점을 찾아 간짜장과 짬뽕을 주문했어요. 배달 음식을 기다리면서 지효는 망고톡으로 할머니와 찍은 사진을 아빠에게 보냈어요. 그런데 이상했어요. 사진이 전송되지 않고 자꾸 '×' 자가 뜨는 거예요. 할머니와 이야기를 나누던 엄마가 스마트폰을 보면서 말했어요.

"음식이 도착할 시간이 훨씬 지났는데, 왜 아직도 안 오지?"

"엄마, 나도 이상해. 아빠한테 망고톡으로 사진 보냈는데, 이렇게

'×' 자가 계속 나와."

지효는 엄마에게 망고톡을 보여 주었어요. 엄마는 '망고의배달'을 열어 주문 내용을 확인하려 했지만, 플랫폼이 열리지 않았어요. 그때였어요. TV에서 긴급 뉴스가 흘러나왔어요.

"오늘 오전 열한 시경 망고톡 데이터 보관 서버가 있는 건물 지하에서 발생한 화재로 건물 한 채가 전부 불탔습니다. 근무 중이던 직원들은 옥상으로 대피하여 전원 구조하였으나, 다섯 명은 연기를 마셔 병원으로 옮겨 치료 중입니다. 이 사고로 현재 전국의 망고톡 서비스가 중단되었습니다. 메신저는 물론이고, 쇼핑, 택시, 결제, 음식

배달 등 모든 서비스가 멈추었습니다. 망고톡 측은 데이터 센터를 복구하여 서비스를 정상화하려면 일주일 이상 걸릴 것으로 전망했습니다. 일부 데이터는 영원히 복구하지 못할 수도 있다고 합니다. 망고톡 플랫폼을 이용하는 사용자들이 상당 기간 불편을 겪을 것으로 보입니다."

깜짝 놀란 지효는 엄마 얼굴을 쳐다보았어요. 엄마는 뉴스에서 눈을 떼지 못했어요.

"엄마! 망고톡 회사에 불이 나서 아까 주문한 간짜장이 안 오나 봐."

"어쩌지? 집에 돌아가는 것도 걱정이네. 여기는 외진 곳이라 버스도 없는데 망고택시를 부를 수 없다니. 다른 택시 회사 전화번호를 찾아봐야겠네. 참, 망고페이 믿고 지갑도 안 가져왔는데……. 망고톡 플랫폼이 멈추니 아무것도 할 수가 없네."

그 말에 지효는 벌떡 일어섰어요. 영채 생일잔치에 가기로 했던 일이 생각났거든요.

"오후 세 시까지 집에 못 돌아가는 거야? 영채에게 생일 선물로 망고웹툰 일주일 이용권 주기로 했는데, 그 선물도 못 하겠네?"

지효는 불안한 눈빛으로 엄마를 쳐다보았어요. 엄마는 아무 말 없이 답답한 듯 스마트폰으로 여기저기 검색을 했어요.

생각해 봅시다
온라인 쇼핑몰 vs 전통 시장, 어디에서 사야 할까?

지효 엄마는 평소에 지역 상권을 살리기 위해 전통 시장에서 물건을 샀어요. 하지만 온라인 쇼핑몰에서는 할인을 자주 하고, 물건을 집까지 택배로 보내 주어 편하다면서 할머니 내복을 망고쇼핑에서 주문했어요. 여러분은 어디에서 사는 쪽이 현명하다고 생각하나요?

지효

전통 시장에 가면 상인 분들이 따뜻하게 대해 줘요. 물건을 직접 보고 살 수도 있고요. 지난번에 제주에서 갓 잡은 갈치를 맛보라며 구워 주셨는데 얼마나 싱싱하고 맛있었는지 몰라요. 지역의 전통 시장이나 상점에서 소비해야 상인들이 돈을 벌고, 세금을 낼 수 있어요. 그 세금은 우리 지역에 혜택으로 돌아올 거예요.

영채

플랫폼이 운영하는 온라인 쇼핑몰은 가격이 싸고, 물건을 집까지 택배로 보내 주니까 너무 편리해요. 물건을 살 때 가장 중요한 건 가격이잖아요. 온라인 쇼핑을 하면 무거운 물건을 들고 다닐 필요도 없어요. 새벽이건 밤이건 소비자가 필요할 때 주문할 수도 있어요.

플랫폼이 멀까?

플랫폼(platform)은 '기차나 지하철을 타는 장소'라는 의미로 많이 쓰였어요. 사람과 교통수단을 연결하고, 만남이 이루어지는 곳이죠. 요즘은 '온라인 플랫폼'이라는 말을 더 자주 써요. 카카오, 네이버, 쿠팡, 인스타그램, 유튜브 등이 모두 온라인 플랫폼이에요. 이곳에서 제품이나 서비스를 제공하기 때문이에요. 사람들은 카카오톡으로 친구와 대화하고, 네이버로 뉴스를 보고, 쿠팡에서 운동화를 사요. 그러니까 플랫폼은 기업과 소비자가 만나고 제품이나 서비스가 오가는 공간이에요. 플랫폼을 만든 뒤, 사람과 기업을 모으고, 이용자에게 광고비나 수수료를 받아 수익을 내는 기업을 플랫폼 기업이라고 해요.

노트북을 열면 작동하는 마이크로소프트의 운영 체계 윈도우도 플랫폼이에요. 윈도우를 열면 수많은 프로그램이 돌아가요. 흔히 사용하는 워드, 파워포인트, 엑셀은 윈도우에서 작동하는 프로그램이에요. 배틀그라운드, 리그오브레전드 등은 윈도우 플랫폼에서 열리도록 만든 게임이고요. 컴퓨터 프로그램을 만들어 파는 개발사와 사용자가 윈도우라는 플랫폼에서 만나는 거예요.

우리 생활 주변에는 너무나 많은 플랫폼이 자리 잡고 있어요. 당근마켓은 사용하지 않는 물건을 파는 사람과 그 물건이 필요한 사람을 연결해 주는 중고 물품 거래 플랫폼이에요. 페이스북은 수십억 명의 사용자들이 사진과 글을 공유하는 플랫폼이지요. 넷플릭스, 웨이브,

디즈니플러스, 티빙 등은 드라마, 영화를 볼 수 있는 콘텐츠 플랫폼이에요. 애플리케이션을 내려받는 플레이스토어, 애플스토어도 애플리케이션 개발자 혹은 판매자와 그 애플리케이션을 사용하려는 소비자가 만나는 플랫폼이랍니다.

배달의민족이 거래 비용을 낮추었다고?

배달의민족, 쿠팡이츠, 요기요처럼 음식 배달 애플리케이션도 식당과 고객을 잇는 플랫폼이에요. 플랫폼을 통하면 더 많은 사람이 연결돼요. 필요한 물건을 살 사람을 찾기도 쉽지요. 배달 전문 중국 음식점을 차린 A 사장은 가게를 알리기 위해 아파트 단지를 돌며 광고지를 나누어 주었어요. 배달이 가능한 전화번호를 알리려고 냉장고 자석을 제작해 아파트 각 층을 돌며 대문마다 붙여 놓았어요.

요즘 A 사장은 배달 플랫폼을 이용해요. 배달의민족, 쿠팡이츠, 요기요 등에 음식 사진과 메뉴를 등록하는 거죠. 배달 음식 플랫폼은 식당과 손님을 연결해 줘요. 배달 음식점 정보를 한데 모아 주고, 가장 인기 있는 음식점 순위를 알려 줘요. 소비자는 메뉴 사진과 가격을 미리 볼 수 있고, 먼저 먹어 본 사람들의 후기를 읽고 선택할 수 있어요.

플랫폼을 이용하면 물건이나 서비스를 쉽게 사고팔 수 있어요. 플랫폼이 판매자와 고객을 즉시 연결하여 기술, 상품, 서비스를 보다 효율

적으로 이용할 수 있는 거예요. 이런 것을 경제학 용어로 '거래 비용을 낮추었다'고 말해요. 예전 같으면 고객을 일일이 찾아다니며 중국 음식점을 알리는 광고 선전지를 나누어 주어야 했지요. 플랫폼의 등장으로 그보다 쉽고 빠르게, 많은 고객을 만날 수 있게 되었으니 거래 비용을 낮춘 거예요.

누군가는 카카오톡에 돈을 낸다고?

요즘은 '플랫폼이 세상을 지배한다'고 해도 지나친 말이 아니에요. 아침에 일어나 유튜브로 동영상을 보고, 점심에 배달의민족으로 탕수육을 주문하고, 쿠팡에서 저녁에 사용할 샴푸를 사요. 밤에는 넷플릭스에서 영화를 보면서 하루를 마무리해요. 플랫폼 경제는 IT 기술이 발달하고 스마트폰이 널리 쓰이면서 발전했어요.

2010년, 카카오톡이 처음 출시되었을 때는 사용자끼리 대화를 나눌 수 있는 단순한 메신저 애플리케이션이었어요. 문자 메시지를 보내려면 통신사에 사용료를 내야 하는데, 카카오톡은 아무리 많이 써도 '공짜'라는 장점으로 폭발적인 인기를 끌었어요. 여러 명의 친구와 동시에 대화를 나눌 수 있는 '그룹 채팅'은 카카오톡을 '국민 메신저'로 올려놓았지요. 사용자가 늘고, 이용 시간이 길어지면서 카카오톡은 플랫폼으로 발전했어요. 2023년 기준으로 카카오톡을 한 달에 한 번 이상 사용하는 실사용자 수는 약 4,156만 명이에요.

인구 다섯 명 중 네 명이 쓰는 플랫폼이 된 카카오톡은 사업을 확장해 갔어요. 메신저를 공짜로 쓰게 해 주어 확보한 사용자를 기반으로 돈이 될 만한 수많은 사업을 연결해 놓은 거예요. 가장 대표적으로 '선물하기'가 있어요. 카카오톡에서 이모티콘을 사거나, 물건을 사면 수익의 일부를 카카오톡 회사가 가져가요. 은행도 운영해 카카오톡 사용자끼리 쉽게 돈을 주고받을 수 있어요. 고객이 맡긴 돈을 운용해 이자를 주고, 대출도 해 줘요. 이 역시 카카오톡 회사의 수익이에요. 요즘은 게임, 택시, 연예, 웹툰, 웹소설, 교육 등으로 사업을 넓혀 가고 있어요. 이 모든 사업은 카카오톡 사용자가 4,000만 명이 넘기에 가능해요. 매일 카카오톡을 사용하는 사람들은 카카오톡으로 대화하다가 친구에게 선물을 보내고, 택시를 불러요. 공짜 메신저는 그 회사가 더 많은 사업

을 펼치기 위한 수단인 셈이에요.

 카카오톡을 공짜로 사용할 수 있는 숨겨진 이유가 또 있어요. 카카오톡 위에 광고가 뜨거나, 메시지로 광고 내용이 올 때가 있지요? 이 광고는 모두 카카오톡이 기업에서 돈을 받고 내보내는 거예요. 기업은 사용자가 많은 카카오톡에서 광고하려고 해요. 카카오톡 회사는 광고주들에게 '우리는 이렇게 많은 사용자를 확보하고 있다'고 홍보하며 광고비를 받아요. 카카오톡 사용자들에게 광고를 보여 주고 제품이나 서비스를 판매하고 싶어 하는 광고주가 카카오톡에 광고비를 내요. 네이버 검색, 지식백과, 블로그 등을 공짜로 사용할 수 있는 이유도 기업들이 광고비를 낸 덕분이에요.

공짜 점심은 없다고?

 미국 경제학자 밀턴 프리드먼은 "공짜 점심은 없다"라고 말했어요. 미국 서부 개척 시대에 어느 술집에서 술을 일정한 양 이상 마시면 점심 식사를 공짜로 제공했대요. 공짜 점심을 먹으려고 '일정한 양 이상'을 마시다 보면, 결국 술값이 많이 나왔어요. 술값에 점심값이 포함된 셈이죠. 사람들은 술값은 생각하지 못하고, 술을 사면 밥을 공짜로 먹는다고만 생각해 그 술집에 갔어요. "공짜 점심은 없다"라는 말은 어떤 일에는 항상 그만한 대가, 즉 기회비용이 따른다는 뜻으로 쓰여요.

한 가지를 선택하면서 포기하게 된 다른 값어치를 '기회비용'이라고 해요. 포기한 기회에서 얻을 수 있었던 가치죠. 짜장면과 짬뽕, 무엇을 먹을까 고민하다가 짜장면을 선택했다면, 선택하지 않은 짬뽕이 주는 맛과 만족감이 기회비용이에요. 공짜 영화표가 생겼어요. 영화를 보러 가느라 학원을 빠졌어요. 그날 학원에서는 도형 부분 진도를 나갔는데 영화관에 가느라 배우지 못했어요. 이 상황에서는 도형을 배워서 풀 수 있는 수학 문제가 기회비용이에요. 또 하나 예를 들어 볼까요? 대학에 진학하면 1년에 1,000만 원을 학비와 교재비로 사용해야 해요. 고등학교를 졸업하고 취업하면 1년에 1,000만 원을 벌 수 있어요. 고등학교를 졸업한 C는 대학에 다니는 가치가 더 크다고 판단해 대학 진학을 선택했어요. 이 경우 바로 취업했을 때 벌 수 있었던 1,000만 원이 기회비용이에요.

앞으로 살면서 수많은 선택의 기회가 생길 거예요. 그때마다 기회비용이 발생할 거고요. 포기한 것의 만족도보다 선택한 것의 만족도가 클 때 '현명하게 소비했다'고 해요. 현명한 소비는 가장 만족도가 큰 선택, 후회하지 않을 선택이면서 기회비용이 가장 적은 선택을 했을 때예요.

카카오톡, 인스타그램, 페이스북을 쓰는 건 공짜처럼 보이지만, 사실 광고를 보는 데 시간과 노력을 들이는 거예요. 대신 그 시간에 공부하거나 운동할 수 있는 기회비용을 포기한 것이므로 결코 '공짜 점심'이 아니랍니다.

왜 친구에게 추천하면 쿠폰을 줄까?

카카오톡은 한국의 1등 메신저 플랫폼이에요. 2등인 라인에 엄청난 격차로 앞서 있어요. 일본의 1등 메신저 플랫폼은 라인이에요. 라인이 압도적으로 앞서 있고, 카카오톡은 별 힘을 쓰지 못하고 있대요.

플랫폼은 1등 쏠림 현상이 무척 심해요. 익숙해지면 그 플랫폼만 사용한다는 뜻이에요. 초기에는 여러 기업이 경쟁하지만 1등으로 자리 잡으면 그 플랫폼이 전체 시장을 지배하는 '네트워크 효과'가 일어나요. '네트워크 효과'란 같은 제품을 쓰는 사용자가 많아질수록, 그 제품의 쓸모가 커지는 거예요. 같은 반 친구 모두가 카카오 단톡방에서 대화하고 사진을 주고받는데, 나만 카카오톡을 사용하지 않으면 정보력이 뒤처지기 쉬워요. 이렇게 사용자가 많아질수록 상품이나 서비스의 가치가 높아지는 현상이 '네트워크 효과'예요.

사람들은 익숙하고 편리한 서비스가 있으면 굳이 다른 곳으로 옮겨 가지 않아요. 새로운 것을 익히려면 귀찮고 번거로우니까요. 카카오톡이 라인보다 기능이 우수해서 우리나라 1등이 아니에요. 사용자가 많아지면서 네트워크 효과가 나타났기 때문에 1등을 지키는 거예요. 카카오톡, 유튜브, 배달의민족 등은 '네트워크 효과'를 통해 2등과 격차를 벌리고, 현재 각 분야 1등 플랫폼으로 굳건히 자리 잡고 있어요.

플랫폼 기업들은 초기에 손해를 견디면서 회원 확보에 열을 올려요. 네트워크 효과가 나타날 때까지 기다리는 거예요. 1등 플랫폼이 되면 판매자와 소비자를 더욱 빠르게 확보할 수 있어요. 2등과 경쟁하기를 피하는 동시에 시장을 지배해요. 이익도 급격하게 늘어요. 많은 플랫폼에서 '친구에게 추천하면 5,000원짜리 쿠폰을 드려요'라며 마케팅하는 이유가 바로 이 때문이에요.

네트워크 효과가 지속되면 '자물쇠 효과'가 나타난다고?

'자물쇠 효과'는 소비자가 기존에 쓰던 상품이나 서비스에서 다른 곳으로 이동하지 않는 경향을 말해요. 자물쇠 효과가 일어나는 가장 큰 원인은 소비자가 느끼는 불편함 때문이에요. 기존에 사용하는 상품이나 서비스에서 새로운 상품이나 서비스로 이동하려면 시간과 노력이 필요해요. 이런 부담 때문에 선뜻 바꾸려 하지 않죠. 카카오톡에서 많은 친구와 대화를 나누고, 단톡방에서 정보를 얻으니 굳이 가입자 수도 적고, 기능도 낯선 다른 플랫폼에 갈 필요를 못 느끼는 거예요.

편리함을 추구하는 소비자의 성향으로 인해 자물쇠 효과가 나타나지만, 소비자에게 결코 유리한 것만은 아니에요. 경쟁자 없이 1등을 유지하는 플랫폼이 굳이 품질이나 서비스의 질을 높이려고 하지 않을 테니까요. 자물쇠가 단단하게 고객의 이탈을 막고 있으니 1등 플랫폼이 노력할 필요가 없잖아요.

그 플랫폼에 문제가 발생하면 피해 보는 사람이 많고, 마땅한 대안이 없는 것도 '자물쇠 효과'의 문제예요. 예전에 카카오톡 데이터 센터에 불이 난 적이 있어요. 그때 카카오톡은 물론이고 카카오페이, 카카오맵 등이 먹통이 되었어요. 카카오톡으로 연결된 일상이 마비되면서 시민들이 큰 불편을 겪었어요. 플랫폼 초연결 사회에서 나타나는 '자물쇠 효과'의 허점이 그대로 드러난 사건이었지요.

자물쇠 효과를 이용하는 마케팅

자물쇠 효과를 판매로 이용하는 사례도 있어요. 어느 프린터 회사는 기계를 아주 저렴하게 혹은 아예 무료로 주기도 해요. 손해를 감수하면서 기계를 주는 대신, 소모품인 프린터 카트리지는 자기 회사 것만 써야 해요. 일정 기간 자기 회사의 프린터 카트리지를 살 수밖에 없도록 자물쇠로 묶어 놓은 거예요.

A 사의 자동차를 산 사람은 B 자동차 회사 부품이 아무리 좋아도 사용할 수 없어요. 그 자동차를 사용하지 않을 때까지 A 사 고객으로 묶일 수밖에 없는 거예요. 스마트폰을 살 때 기계 가격을 할인해 주고 일정 기간 쓰기로 약속하는 '약정 할인 제도' 역시 자물쇠 효과를 이용하는 거예요. 약정 기간 동안 통신사는 안정된 이익을 얻을 수 있으니까요. 만약 소비자가 약정 기간을 어기고 다른 통신사로 가려고 할 때는 위약금을 물게 해서 사용자로 묶어 놓아요.

이런 마케팅 방식은 면도기 회사 질레트에서 가장 먼저 시작했다고 해요. 질레트 면도기를 아주 싸게 판매하고, 계속 써야 하는 소모품인 면도날을 사도록 만드는 전략이었어요. 그래서 자물쇠 효과를 이용한 마케팅을 '면도기-면도날 비즈니스 모델(razor and blades business model)'이라고 부르기도 해요.

배달 플랫폼 없이는 못 살아, 정말 못 살아!

플랫폼이 발달하기 전 배달은 소비자가 음식점에 전화를 걸어 주문하는 방식이었어요. 음식점은 배달원을 두고 주문받은 음식을 소비자에게 배달했어요. 소비자는 음식점 전화번호를 알아야 주문할 수 있었어요. 주로 짜장면, 치킨, 피자 등 메뉴도 한정적이었지요.

스마트폰의 등장과 플랫폼의 발달로 음식 배달 시장은 완전히 달라졌어요. 2010년, IT 기업에서 일하던 형제가 힘을 합쳐 음식 배달 애플리케이션을 내놓았어요. 이들은 "여러 곳에 흩어져 있던 음식점 정보를 한곳에 모아 놓으면 소비자들이 손쉽게 주변 가게에서 음식을 시킬 수 있을 것"이라고 생각했대요.

이제 소비자들은 배달앱을 열어 중식, 한식, 분식 중에 그날 먹고 싶은 음식을 선택해요. 검색만 하면 몰랐던 음식점에서도 음식을 주문할 수 있어요. 메뉴 사진, 후기, 평점을 확인하면 선택하기 쉬워요. 현재 우리나라 배달 음식 플랫폼 시장은 배달의민족, 쿠팡이츠, 요기요 등이 치열하게 경쟁하고 있어요.

배달 플랫폼은 편리하지만 예상치 못한 사회 문제도 일으켜요. 가장 큰 문제는 음식점이 가져가야 할 이익 일부를 배달앱이 빼앗는다는 점이에요. 예전처럼 고객이 직접 식당으로 전화를 걸어 음식을 주문하면 음식 금액을 식당 주인에게 냈어요. 하지만 배달 플랫폼을 이용하면 식당 주인이 음식 금액의 약 10퍼센트를 수수료로 내요. 음식점 검색에서 상단에 보이려면 따로 광고비를 내야 하고요. 검색했을 때 위쪽에 있어야 소비자의 관심을 끌고 주문을 늘릴 수 있으니, 부담스러워도 광고비를 낼 수밖에 없어요.

문제는 배달 음식점을 운영하는 대부분이 영세한 자영업자라는 거예요. 치킨 한 마리를 팔아 플랫폼 이용 수수료, 배달 대행료, 신용카드 결제 수수료, 상단 노출 광고비까지 내고 나면 손에 남는 돈이 얼마 없다고 해요. 그래서 배달 음식 플랫폼이 판매자와 소비자를 연결해 주는 대가로 '과도한 통행세를 받고 있다'는 비판이 있어요.

이제 배달 플랫폼은 우리 일상에 없으면 안 될 존재로 자리 잡았어요. 배달 플랫폼이 없었으면 만나지 못했을 음식점을 이용하는 즐거움도 커요. 다만 배달 플랫폼이 우월한 지위를 이용해 음식점이나 소비자에게 부담을 주는 일이 없도록 이용자가 지켜보는 일은 꼭 필요하답니다.

K-컬처와 문화 산업

한국 문화가 전 세계로 뻗어 나간다고?

"엄마, 여기부터는 오디션 보는 사람만 들어갈 수 있대. 나 혼자 갈게."

"연습한 대로 잘할 수 있지? 떨지 말고! 끝나면 전화해. 엄마가 데리러 올게."

태국 방콕의 한국문화원 입구에서 티사니는 엄마에게 손을 흔들며 인사했어요. 오늘은 티사니가 기다리고 기다리던 'K-컬처 오디션' 날이에요. 이 오디션에 합격하면 한국의 대형 연예 기획사인 체리핑크에서 걸 그룹 연습생이 될 수 있어요. 티사니는 이 오디션을 위해 기차를 열두 시간이나 타고 치앙마이에서 방콕까지 왔어요. 방콕은 처음인 데다, 오디션을 앞두고 있어 너무 떨렸어요.

한국문화원 마당에는 태국과 한국 국기가 나부끼고 있었어요. 떡볶이, 김밥, 치킨 등 한국 음식을 전시한 음식 체험관과 실물 크기로 제작한 한국의 유명 연예인 입간판을 배경으로 사진을 찍을 수 있는 포토존도 있었어요. 티사니가 어디로 가야 할지 몰라 두리번거릴 때, 한 아이가 말을 걸었어요.

"오디션 장소는 저쪽 초록색 건물 체육관이야."

돌아보니 한국인처럼 생겼는데 태국말을 무척 잘했어요.

"응, 고마워!"

티사니는 그 아이와 오디션이 열리는 초록색 건물 쪽으로 나란히 걸었어요. 티사니는 용기를 내어 그 아이에게 인사했어요.

"안녕! 나는 티사니. 초등학교 6학년. 너는?"

"나도 6학년인데! 내 이름은 박지수."

"한국식 이름이네?"

"아빠가 한국 사람이거든. 엄마는 태국 사람이고."

한국 문화를 좋아하는 티사니는 지수가 반가웠어요. 그때 한복을 입고 떡볶이를 만들던 아줌마가 말을 걸었어요.

"이것 좀 드시고 가세요. 한국의 유명한 길거리 음식 떡볶이 아시죠? 한국 드라마 〈내일은 슈퍼스타〉가 해외에서 인기를 끌면서 떡볶이가 전 세계적으로 유명해졌다니까요. 드라마에서 주인공이 슬프고 힘들 때마다 떡볶이를 먹잖아요. 〈내일은 슈퍼스타〉 덕분에 요즘 한국산 떡볶이 수출이 두 배나 늘었대요. K-컬처는 작품 자체도 수출하지만, 이렇게 연관 산업까지 발전시키는 영향력을 발휘한다니까요."

티사니는 아줌마가 내미는 떡볶이 접시를 받아 들었어요. 옆에 있던 지수도 웃으면서 떡볶이를 받았어요. 지수가 떡볶이를 먹으며 티사니에게 물었어요.

"너 매운 음식 먹을 줄 알아? 떡볶이가 좀 매울 텐데?"

"나 한국 음식 좋아해서 잘 먹어! 떡볶이도 먹어 본 적 있어."

티사니는 보란 듯이 이쑤시개로 떡볶이를 찍어 입에 넣었어요. 하지만 곧 표정이 일그러졌어요. 얼굴이 붉어지고, 땀이 줄줄 흐르기 시작했어요. 지수 앞에서 자신 있게 말했지만 사실 티사니는 매운 음식을 잘 먹지 못하거든요.

"물, 물!"

지수는 가방에서 생수를 꺼내 티사니에게 건넸어요. 티사니는 생수 반 병쯤을 비운 후에야 정신을 차릴 수가 있었어요. 그런 티사니를 보고 지수는 웃음을 터뜨렸어요.

"너 K-컬처에 익숙해지려면 더 연습해야겠다. 한국에서 맵기로 유명한 불닭볶음면 먹으면 기절하겠는걸?"

티사니는 아직도 입이 얼얼했지만, 지수의 놀림이 싫지 않았어요.

오디션이 열리는 체육관 안은 참가자로 발 디딜 틈이 없었어요. 경쟁률이 높을 거라 예상은 했지만, 이 정도일 줄은 몰랐어요. 깜짝 놀란 티사니가 말했어요.

"진짜 사람 많다! 저 사람은 태국어가 아니라 베트남어를 쓰네? 저 사람은 라오스 사람 같은데?"

"걸 그룹 연습생 세 명을 뽑는데, 참가자가 6,000명이래. 그 정도로 K-컬처 인기가 높은 거지. 체리핑크 연예 기획사 소속 '파스텔블루'에 태국인 멤버 애니 알지? 애니 덕분에 아시아에서 '파스텔블루' 인기가 높아지고, 체리핑크 연예 기획사가 엄청나게 돈을 벌었나 봐. 이번에는 아시아를 중심으로 활동할 멤버들을 뽑는대. 한국의 성공적인 연예 기획 방식을 수출하는 거지."

그 말을 듣고 나니 K-컬처의 인기가 실감 났어요. 티사니는 노래를 부르는 참가자, 춤을 연습하는 참가자 들을 둘러보며 혼잣말을 했어요.

"휴, 이렇게 참가자가 많고 경쟁률이 높은데 오디션에 합격할 수 있을까?"

그 말을 듣지 못한 지수는 티사니 팔을 잡더니 참가 접수처로 데리고 갔어요. 참가자를 확인하던 한국문화원 직원이 지수를 알아보았어요.

"지수! 이번에 또 신청했어? 작년 오디션에서 4등 했잖아. 왜 또 오디션에 참가하는 거야?"

"휴, 그게요……. 1등은 바로 걸 그룹 연습생이 되고 TV 인터뷰도 하는데, 저는 4등이라 기회를 얻지 못했어요. 1등과 4등의 실력 차이가 거의 없는데도 1등은 슈퍼스타가 되고, 저는 그렇지 못하더라고요."

한국인 직원은 고개를 끄덕이며 지수에게 웃어 보였어요.

"아무래도 연예계나 스포츠계에서는 1등만 살아남는 슈퍼스타 경제학이 나타나지. 지수, 이번에는 꼭 1등 해야겠네? 오디션 잘 봐!"

티사니가 한국인 직원에게 받은 번호표는 837번이었어요.

"지수야, 너는 몇 번이야?"

"나는 652번. 참가자가 많아서 600번에서 1,000번 대는 오후 늦게나 오디션을 볼 수 있대. 아직 시간 있으니까 저기 가 볼래?"

지수는 〈사랑의 블랙홀〉 드라마 테마관을 가리켰어요. 참가자들이 체육관에만 모여 있느라 그곳은 상대적으로 한산했어요. 티사니는 '〈사랑의 블랙홀〉 체험관'이라고 쓰인 한글을 떠듬떠듬 소리 내어

읽었어요. 티사니는 한국 드라마 〈사랑의 블랙홀〉을 너무 좋아해서 몇 번을 봤는지 몰라요. 드라마에 나오는 대사를 외울 정도예요. 덕분에 한글도 조금 읽을 줄 알아요. 〈사랑의 블랙홀〉에 나왔던 주인공이 바로 티사니가 제일 좋아하는 '준영'이에요.

〈사랑의 블랙홀〉 테마관 안에 들어가자마자 티사니의 눈이 번쩍 뜨였어요. CD 판매대가 보였거든요. 티사니는 단숨에 판매대로 달려가 노란색 CD 한 장을 들었어요.

"이 CD, 처음 보는데? 〈사랑의 블랙홀〉 OST 모아 놓은 CD네! 사야겠다."

옆에 있던 지수가 CD를 만지작거리며 티사니에게 물었어요.

"너희 집에 CD 플레이어 있어? 이거 CD 플레이어가 있어야 재생될 텐데?"

"아니, 없어. 그래도 살 거야."

"한국에서 만든 K-컬처가 지금처럼 유명해진 건 유튜브, SNS, OTT 서비스를 타고 전 세계로 공유되었기 때문이라던데, 너는 옛날 방식의 CD를 사는 거야?"

"지금은 CD 플레이어가 없어 들을 수 없지만, 이건 희귀한 거니까 앞으로 가격이 오를 수도 있어. 그때를 대비해서 미리 사 두는 거지."

티사니는 노란색 CD를 사서, 가방 안에 넣으며 말했어요.

"지수야, 저기 사진 걸린 쪽에도 가 보자."

티사니가 가리킨 쪽은 드라마의 배경이었던 부산의 사진과 주인공들이 데이트했던 장소를 재현한 소품으로 꾸며져 있었어요. 티사니는 편의점으로 꾸민 가게 앞 파라솔 의자에 앉으며 말했어요.

"바로 이 편의점 앞에서 준영이 아이스크림을 먹으며 사랑을 고백했어."

그러면서 티사니는 자세를 고쳐 잡더니 또렷한 한국말로, 남자 목소리를 흉내 내며 드라마에 나오는 대사를 읊었어요.

"매일 아침 너랑 삼각김밥을 먹고 싶고, 매일 저녁 너랑 구슬 아이스크림을 먹고 싶어. 오빠랑 사귀자!"

"꺅, 진짜 준영과 똑같아!"

듣고 있던 지수가 손뼉을 치며 웃었어요.

그때 파라솔 옆자리에 혼자 앉아 있던 사람이 티사니에게 말을 걸었어요. 모자를 깊게 눌러쓰고, 검은 마스크를 쓴 남자였어요.

"준영 오빠 많이 좋아해요?"

이 굵직한 목소리, 어디선가 들어 본 것 같아요. 3초 후, 티사니는 정신이 번쩍 들었어요. 이 목소리는 분명 〈사랑의 블랙홀〉의 주인공 준영이에요. 티사니는 그 남자를 보면서 또렷한 한국말로 말했어요.

"준영 오빠?"

그 남자는 집게손가락을 입에 가져다 댔어요. 그러고는 마스크를 살짝 내리더니 씩 웃어 보였어요. 정말 준영이었어요. 티사니는 숨이 막힐 것 같았어요. 옆에 있던 지수는 "대박"이라고 작은 소리를 내며 스마트폰을 꺼내 들었어요. 세 사람은 지수의 스마트폰으로 사진을 찍었어요. 준영은 티사니가 손에 들고 있던 행사 안내 책자 앞장에 사인도 해 주었어요. 티사니는 물어보고 싶은 게 너무 많았어요. 너무 급한 나머지 태국어, 한국어, 영어를 섞어 대화를 나누었어요.

"준영 오빠, 요즘 왜 '센스댄스' 활동 안 해요? 준영 오빠 춤 좋아해요."

"내가 센스댄스 춤 담당이었는데, 같은 그룹의 리키가 춤으로 더 큰 인기를 끌고 있잖아. 사실 나보다 리키가 춤을 훨씬 잘 추거든. 나는 춤추는 데 시간을 쏟느니, 아예 연기에 주력해 차별화하기로 했어."

준영은 쑥스러운 듯 웃었어요. 티사니는 꿈 같은 기회에 준영과 더 많은 이야기를 나누고 싶은데, 무슨 말을 해야 좋을지 몰라 마음이 조급했어요. 그때 준영이 스마트폰의 결제창을 열면서 말했어요.

"방콕에서 팬을 만났는데, 뭐라도 대접해야겠지? 너희들 〈사랑의 블랙홀〉에 나왔던 구슬 아이스크림 먹을래?"

"네! 좋아요!"

티사니와 지수는 너무 신나서 동시에 대답했어요. 준영은 일어서더니 편의점 앞에 설치된 아이스크림 기계로 성큼성큼 걸어갔어요. 티사니와 지수도 준영을 따라가 옆에 섰어요.

"구슬 아이스크림 두 개 주세요."

그 목소리를 듣더니, 갑자기 아이스크림 기계 주변에 있던 한국인

아줌마 두 명이 고개를 돌려 준영의 얼굴을 쳐다보았어요. 준영은 애써 시선을 피했어요.

"혹시, 센스댄스, 아니 배우 차준영 씨?"

준영은 아무런 대답도 하지 않았어요. 그 사이 구슬 아이스크림이 나왔어요. 티사니와 지수는 아이스크림 컵을 받아 들고 어정쩡하게 준영과 아줌마가 대화하는 모습을 지켜봤어요.

"맞네, 맞아! 차준영!"

아줌마들이 큰 소리로 떠들자 주변 사람들이 몰려들었어요.

"한국 배우 차준영이래!"

"태국에 왔다는 소문도 없었는데 웬일이야? 빨리 가서 사진 찍자!"

"아이돌 출신 한류 슈퍼스타가 이런 오디션장에 오다니! 빨리 SNS에 알려야겠다!"

"〈사랑의 블랙홀〉 테마관 보려고 왔나 봐! 역시 K-컬처는 대단하다니까."

순식간에 〈사랑의 블랙홀〉 테마관은 아수라장으로 변했어요. 서로 준영에게 가까이 가려고 달려들었고, 사진이나 동영상을 찍으려고 스마트폰을 높이 들었어요. 태국어, 한국어, 영어가 뒤섞여 옆 사람 말이 제대로 들리지 않을 정도로 시끄러웠어요. 티사니와 지수는 수많은 사람에게 둘러싸여 점점 먼 곳으로 떠밀렸어요. 티사니가 큰 소리로 외쳤어요.

"지수야, 괜찮아?"

"티사니! 이쪽으로 와. 오디션 장소로 가자!"

티사니는 지수가 하는 말이 잘 들리지 않았어요. 두 사람은 점점 멀어졌어요.

"뭐라고? 안 들려!"

그때였어요. 뒤에서 몰려들던 사람들이 티사니의 팔을 '탁!' 쳤어요. 티사니는 넘어지면서 들고 있던 구슬 아이스크림을 원피스에 쏟고 말았어요. 그새 녹아 버린 구슬 아이스크림은 티사니의 노란 원피스를 알록달록 물들였어요.

"어쩌지? 오후에 이 옷 입고 오디션 봐야 하는데……. 그나저나 준영 오빠는 어디로 갔지?"

생각해 봅시다
필요 없는 한정판 물건을 사 놓아야 한다고?

〈사랑의 블랙홀〉 테마관에서 티사니는 드라마 OST가 담긴 CD를 샀어요. 집에 CD 플레이어가 없어서 들을 수 없는데도 말이에요. 당장 필요 없는 CD를 미리 사 놓은 티사니는 경제적인 선택을 한 것일까요?

티사니

지금 당장은 음악을 들을 수 없지만, 언젠가 CD 플레이어가 생길 수 있잖아요. 이런 CD는 한정판이라 다시 구하기 어렵고, 나중에 가격이 오를지도 몰라요. 이런 걸 미리 사 두는 게 투자라고요.

지수

요즘 누가 CD 플레이어로 음악을 들어요? 음원 사이트나 동영상 사이트에서 바로 듣지. 잘 이용하지도 않을 물건을 나중에 값이 오를지도 모른다며 미리 사 두는 건 쓸데없는 소비예요. 결국 물건도 버리게 될 거예요.

문화 산업이 뭘까?

20세기에 들어서면서 급격한 산업 발달로 교육의 기회가 많아지고 경제가 성장했어요. 생활 수준이 높아지자 사람들은 먹고사는 문제 이외에 '즐거움'을 추구하게 되었죠. 이즈음부터 많은 사람이 공통으로, 저렴하고 쉽게 접할 수 있는 '대중문화'가 발전하기 시작했어요.

과학 기술이 발달하면서 다양한 미디어가 등장했어요. 1920년대 사람들은 라디오를 통해 노래를 들었어요. 1940년대부터 텔레비전이 각 가정의 필수품으로 자리를 잡으면서 드라마, 영화를 볼 수 있었지요. 대중문화는 라디오, 텔레비전, 신문, 잡지 같은 대중 매체를 통해 폭발적으로 확산했어요.

영화, 드라마, 음반, 출판 등의 대중문화를 즐기는 사람이 늘면서 창작물이 '돈벌이'가 되었어요. '월트 디즈니'는 1923년 설립하여 어린이

를 위한 콘텐츠로 큰돈을 벌었어요. 오늘날 영화와 만화를 포함해 연극, 라디오, 음악, 출판, 온라인 미디어 등의 콘텐츠를 생산하는 세계적 기업으로 성장했죠. 이렇게 문화 콘텐츠를 대량으로 생산하고 유통하여 이윤을 얻는 경제 활동을 '문화 산업'이라고 해요. 오늘날에는 문화 산업의 범위가 더욱 넓어져 게임, 애니메이션, 방송, 웹툰, 웹소설 등 여러 형태의 작품이나 콘텐츠를 아우르고 있어요.

문화 산업은 국민 소득이 증가할수록 소비가 늘어나는 선진국형 산업이에요. 시간이 지나도 새로운 가치를 창출하는 부가가치 높은 산업이기도 해요. 자동차 한 대를 생산하려면 열 명의 노동자가 100시간을 일해야 해요. 영화 한 편을 만들기 위해서도 열 명의 노동자가 100시간 일한다고 가정해 봐요. 자동차는 한 대를 생산해서 그 한 대를 팔고 나면 끝이에요. 자동차를 한 대 더 생산하여 돈을 벌려면 다시 열 명의 노동자가 100시간을 일해야 하죠. 반면 영화는 한번 생산하고 나면 100개의 영화관에서 상영하든, 1,000개의 영화관에서 상영하든 추가로 들어가는 비용이 없어요. 상영관이 많아질수록 수익은 계속 증가하죠. 1991년에 개봉한 영화 〈나 홀로 집에〉는 요즘도 크리스마스 때마다 TV에서 틀어 줘요. 영화에 나온 음악을 담은 음반이 여전히 팔리고, OST가 라디오 방송에 나와요. 그때마다 제작자는 저작권료를 받아 가요.

앞으로 기술이 발달하면서 신규 미디어는 계속 탄생할 거예요. 그럴수록 콘텐츠를 생산하는 문화 산업 시장은 커지고, 더욱 중요해질 거예요. 문화 산업은 미래 발전 가능성이 아주 큰 유망 산업이랍니다.

K-컬처가 뭘까?

K-컬처는 문화 산업 중에서도 한국의 문화 예술을 일컫는 신조어로, 한국만의 특징적인 문화, 예술 산업을 가리켜요. 한국(Korea)을 뜻하는 'K'에 음악, 춤, 드라마, 게임, 웹툰 등을 가리키는 문화(culture)를 조합한 말이에요. 해외에서 한국 문화가 주목받으면서 널리 쓰이고 있어요.

1990년대 일본과 중화권을 중심으로 한국 문화가 인기를 끌 때는 '한류(韓流)'라는 말을 사용했어요. 한류는 한국을 뜻하는 '한(韓)'에 특성이나 '독특한 경향'을 뜻하는 접미사 '-류(流)'를 붙인 말이에요. 한류는 좁게는 음악, 영화, 드라마 같은 대중문화부터 넓게는 패션, 화장품, 음식, 관광, 무술, 산업 등 대한민국의 문화가 전 세계에 퍼지며 영향을 미치는 현상을 뜻해요. 한국 문화가 아시아를 넘어 유럽, 아메리카, 아프리카까지 확산하면서 요즘은 한류보다는 K-컬처, K-콘텐츠라는 말을 더 많이 사용해요.

〈겨울연가〉로 문 열고, 〈강남스타일〉이 불붙인 K-컬처

K-컬처의 역사는 30여 년 전, 1990년대로 거슬러 올라가요. 1993년 우리나라에는 군인 출신 대통령의 통치 시대가 끝나고, 최초로 문민정부가 들어섰어요. 문민정부는 문화 산업에 관심을 가졌어요. '스필버그 감독이 만든 영화 〈쥬라기 공원〉 한 편의 흥행 수입이 자동차 150만 대를 수출한 금액과 맞먹는다'는 계산에 큰 충격을 받았대요. 이후 정부는 문화 산업의 중요성을 인식하고 '지원은 하되, 간섭하지 않는' 정책을 펼쳤어요.

사회 곳곳에 민주화가 자리 잡으면서 드라마 제작이 자유로워졌어요. 이전 군사 정부에서는 드라마 제작에 깊이 관여하고 내용을 통제했거든요. 작가, PD 들은 자유로운 분위기에서 다양한 주제, 새로운 형식의 드라마를 만들 수 있었죠. 방송사들도 광고 수익을 높이기 위해 드라마 제작에 공을 들였어요. 드라마가 인기 있으면 기업의 광고를 많이 받을 수 있으니까요. 민주화 덕분에 1990년대 우리나라의 드라마 수준이 훌쩍 높아졌어요.

이렇게 만든 드라마를 일본과 대만, 홍콩 등 중화권에 수출했어요. 이 나라들은 각 가정에 케이블 TV가 보급되면서 내보낼 콘텐츠가 필요했대요. 그래서 문화가 비슷한 우리나라 드라마를 수입해서 방송했어요.

2002년 방영된 〈겨울연가〉라는 드라마가 있어요. 일본 NHK가 이 드라마를 수입해 방영했어요. 〈겨울연가〉는 일본에서 엄청난 인기를 끌며 드라마 부문 시청률 1위에 올랐어요.

〈겨울연가〉의 성공으로 일본 사람을 대상으로 한국의 드라마 촬영지를 관광하는 여행 상품이 생겼어요. 배경 음악을 음반으로 만들어 판매하고, 일본어 대본집을 출판하고, DVD를 만들었더니 서로 사겠다고 줄을 섰어요. 이때부터 드라마 자체를 판매하는 돈뿐만 아니라, 연관 산업으로 돈을 버는 '드라마의 경제적 파급 효과'라는 말을 쓰기 시작했어요.

스마트폰 보급 이후, 뉴미디어가 빠르게 성장했어요. 가수가 해외에 나가서 활동하지 않아도 유튜브에 뮤직비디오를 올리면 전 세계에서 즐길 수 있는 환경이 만들어진 거예요. 2012년 가수 싸이의 〈강남스타일〉이 바로 그것을 입증했어요. 서울 각 지역을 돌며 제작한 코믹 콘셉

트의 뮤직비디오가 유튜브와 SNS를 타고 전 세계로 퍼졌어요. 〈강남스타일〉은 영국, 독일, 호주 등 30여 개국에서 음원 순위 1위를 차지했어요.

이후 한국에서 창의적인 콘텐츠가 지속 개발되고, 이 콘텐츠가 유튜브, 페이스북, 인스타그램, 넷플릭스 등을 통해 전 세계로 확산하면서 오늘날 세계인이 사랑하는 문화로 자리 잡았어요.

K-컬처는 어떻게 돈을 벌까?

K-컬처가 인기를 끄는 이유는 여러 가지가 있지만, 대한민국의 경제력도 큰 역할을 했어요. 아무래도 경제력이 큰 나라가 문화에서도 큰 영향력을 발휘하거든요. 미국이 영화, 음악, 애니메이션 등에서 여전히 문화 콘텐츠 수출액 1위를 지키고 있는 이유도 막강한 경제력을 바탕으로 좋은 콘텐츠를 많이 생산하기 때문이에요. 대한민국은 6·25 전쟁 직후 세계에서 가장 못사는 나라 중 하나였다가 오늘날 세계 경제 10위권으로 성장했어요. 경제 성장으로 문화 산업에 투자할 수 있었어요. 세계 각국은 한국의 경제 발전에 관심을 가지면서 한국 문화에 우호적인 시선을 갖고요.

K-컬처는 작품 자체를 팔아서 돈을 벌기도 하지만, 연관 산업까지 영향력이 미치기 때문에 그 가치가 실제보다 훨씬 높아요. 얼마 전 그

룹 BTS의 멤버가 방송에서 불닭볶음면을 먹는 장면이 화제가 되면서 한국 기업의 불닭볶음면 수출이 늘었다고 해요.

고구려 역사를 담은 드라마 〈주몽〉은 일본, 중국, 태국 등 아시아는 물론이고 터키, 카자흐스탄 등에도 수출되었어요. 이란에서는 시청률 90퍼센트를 기록하며 '국민 드라마' 위치에 올랐어요. 한국의 대통령과 이란의 최고 지도자가 만나 〈주몽〉을 주제로 대화를 나눌 정도였지요. 드라마 덕분에 한국과 이란의 관계가 가까워진 거예요.

문화 상품에는 그 나라의 전통과 문화가 스며 있어요. 문화 상품을 즐기다 보면 자연스레 그 나라에 관심이 커져요. 가수를 좋아하면 가수의 국적을 알아보고, 노래 가사의 뜻을 알고 싶어 한국어를 공부해요. 드라마에서 봤던 음식을 먹고, 화장품을 사고, 드라마 촬영지를 방문해요.

한국수출입은행은 "K-컬처 수출이 1억 달러(한화 약 1,361억 원) 늘어날 때마다 소비재 수출은 1억 8,000만 달러(한화 약 2,451억 원)가 함께 증가한다"라고 밝혔어요. 한국의 음악, 드라마, 영화 등의 수출이 늘어나면, 그와 관련한 한국의 화장품, 음식, 자동차, 스마트폰 등의 수출도 증가한다는 뜻이에요. K-컬처가 확산하며 국가 이미지에 좋은 영향을 미쳐 한국 제품에 대한 호감도가 높아진 거예요.

슈퍼스타들만 누리는 경제학이 따로 있다고?

영국에서 뛰고 있는 축구 선수 손흥민은 매주 약 3억 원을 받아요. 세계적인 걸 그룹 블랙핑크는 단 두 달 공연으로 1,000억 원을 벌어들였어요. 연예계, 스포츠계에서는 1등이 모든 것을 차지하는 '승자독식'이 일어나요. 1등과 2, 3등의 실력 차이가 그리 크지 않은데도 1등의 수입은 2, 3등보다 몇 배나 많지요. 가수 임영웅은 지금처럼 유명해지기 전에 노래로 인한 수입이 전혀 없었고, 길거리에서 군고구마를 팔아 한 달에 30만 원 정도를 벌었대요. 트로트 오디션에서 우승한 이후에는 공연, 광고, 음반 수익으로 연간 몇 백억 원 이상을 번대요.

연예, 스포츠 등의 분야는 소득 불균형이 특히 심해요. 슈퍼스타는 엄청난 돈을 벌고, 그렇지 못한 가수, 배우, 운동선수는 생활하기 힘들 정도로 수입이 적어요. 슈퍼스타가 탄생하는 원인은 미디어의 발전 때문이에요. 지금처럼 TV, 라디오, 인터넷, SNS, 유튜브 등이 발전하기 전에는 가수가 직접 관객 앞에서 공연하는 방법이 최선이었어요. 각종 매체가 발달한 이후에는 슈퍼스타 한 명이 더 많은 노래를 들려줄 기회를 얻어요. BTS 노래를 공연장에서 직접 듣고, 라디오에서 듣고, 음원 스트리밍 서비스에서 듣고, 유튜브에서도 들을 수 있잖아요. 한 번 생산으로 끝없이 반복·재생이 가능하고요.

인기를 얻은 슈퍼스타는 더 많은 관객과 팬을 확보하며, 수입이 점점 늘어요. 소수의 슈퍼스타가 다른 경쟁자들과 갈수록 큰 격차로 앞

서가는 거죠. 미국의 경제학자는 특정 분야에서 탁월한 성과를 내는 몇몇 개인이나 기업이 수익 대부분을 가져가는 현상을 '슈퍼스타 경제학'이라고 이름 붙였어요.

요즘 '슈퍼스타 경제학'이 뚜렷해지는 분야가 또 있어요. 바로 입시를 겨냥한 사교육 업계예요. 슈퍼스타 경제학이 탄생하는 이유는 각종 매체의 발달 때문이라고 했죠? 이 분야도 마찬가지예요. 예전에는 유명 강사의 강의를 수강하려면 학원 앞에서 밤새 줄을 섰어요. 스마트폰, 태블릿 PC 등을 이용한 '인터넷 강의'가 널리 퍼지면서 이제 그런 일은 보기 힘들어졌어요. 인터넷 강의는 누구나, 언제나, 어디서나, 반복해 들을 수 있잖아요. 강의 능력이 탁월한 '1등 스타 강사', 즉 일타 강사의 강의는 인터넷으로 무한 반복해 들을 수 있어요. 일타 강사는 그때마다 강의료를 받죠. 인터넷 매체를 이용한 강의로 슈퍼스타가 된 일타 강사들은 엄청난 수익을 올리고 있어요.

앞으로 미디어, IT 기술이 발전할수록 슈퍼스타 경제학처럼 부의 쏠림 현상은 더욱 심해질 거라고 해요. 사회적 불평등, 소득 격차로 인한 양극화가 심해진다니 걱정이에요. 반면 슈퍼스타 경제학을 긍정적으로 보는 사람들도 있어요. 슈퍼스타를 모범 삼아 독보적이고 탁월한 실력을 지니기 위해 노력하는 계기가 된다며 이 현상을 긍정적으로 해석해요. 수많은 어린이와 청소년이 연예인을 꿈꾸고, 오디션에 참가하는 건 슈퍼스타를 보며 희망을 키운 덕분이라는 거죠.

슈퍼스타가 해외에서 번 돈은 GDP에 포함될까?

'국내 총생산'을 뜻하는 GDP는 한 나라 안에서 1년 동안 새롭게 생산한 생산물과 용역의 가치를 전부 합친 거예요. GDP는 국가 경제 규모를 나타내는 기준이에요. GDP를 보면 그 나라의 경제 규모와 국민의 생활 수준을 가늠할 수 있어요. 그래서 GDP는 다른 나라와 경제 규모를 비교할 때, 순위를 매길 때 많이 써요.

GDP는 상품이 생산된 해를 기준으로 삼아요. 2022년에 생산된 냉장고가 2023년에 팔렸다면, 이 돈은 2022년 GDP에 포함돼요. GDP를 계산할 때는 반드시 '그 나라'에서 발생한 경제 활동이어야 해요. BTS

가 미국에서 공연하고, 손흥민이 영국에서 경기하고 번 돈은 대한민국 GDP에 포함되지 않아요. 반대로 우리나라 프로야구 리그에서 활동하는 외국인 용병 선수의 연봉은 대한민국 GDP로 계산해요. 우리나라 안에서 발생한 경제 활동이기 때문이에요.

일정 기간, 그 나라에서 일어난 경제 활동이라고 해서 모두 GDP에 포함되는 건 아니에요. 대학생이 한 달에 10만 원을 받고 3개월 동안 수학 과외를 했더라도 이 돈은 GDP에 들어가지 않아요. 이 대학생이 국가에 세금을 내지 않았기 때문이에요. 만약 이 대학생이 세무서에 신고하고 세금을 낸다면 그 돈은 GDP에 들어가요.

아이돌 그룹에도 '비교 우위'가 있다!

여러 명으로 구성된 아이돌 그룹을 살펴보면 맡은 역할이 따로 있어요. '블랙핑크' 지수의 공식 역할은 리드 보컬이에요. 제니는 메인 래퍼, 로제는 메인 보컬, 리사는 메인 댄서예요. '블랙핑크'가 연습생 시절로 돌아갔다고 가정해 봐요. 가창력이 뛰어난 로제는 노래 연습에 집중하고, 댄스 감각이 좋은 리사는 춤 연습에 더 많은 시간을 들이는 게 성공 확률이 높아요. 못하는 일을 끌어 올리기보다 잘하는 일을 더 잘하도록 집중하는 전략이죠.

다른 예를 한번 들어 볼까요? 베트남 노동자 A는 하루에 운동화 열 개, 빵 다섯 개를 만들 수 있어요. 헝가리 노동자 B는 운동화 다섯 개, 빵 열 개를 만들 수 있어요. A는 운동화만, B는 빵만 만들면 어떻게 될까요? 한 가지 일을 계속하면 기술력과 숙련도가 높아져 생산량이 늘어요. 재료를 한꺼번에 많이 사면 전체 비용은 늘겠지만, 한 개당 들어가는 재료비는 줄어요.

A는 운동화 만들기에 집중해 같은 조건에서 스무 개를 생산했어요. 빵만 만든 B는 하루에 스무 개의 빵을 만들어 낼 수 있게 되었고요. 원래는 A와 B의 노동으로 운동화 열다섯 개, 빵 열다섯 개를 만들었으나, 일을 나눈 덕분에 운동화 스무 개, 빵 스무 개를 생산할 수 있게 되었어요. 사회 전체적으로 봤을 때 A는 운동화만, B는 빵만 만드는 게 이득이에요.

이런 이론을 '비교 우위의 법칙'이라고 해요. 위의 사례로 보면 'A는 운동화에 대해 B보다 비교 우위에 있다'고 표현할 수 있어요. 영국의 경제학자 데이비드 리카도는 "국가나 기업이 모든 상품을 생산하기보다 잘할 수 있는 분야에 집중하는 것이 사회 전체에 더 큰 이익을 가져온다"라고 했어요. 이는 '자국에서 생산된 상품이 다른 나라에서 생산된 상품보다 비교 우위에 있을 때는 다른 국가와 무역을 하는 것이 유리하다'는 무역 이론의 바탕으로 널리 쓰여요.

아이돌 그룹을 기획할 때 연예 기획사에서도 비교 우위의 법칙을 적용해요. 멤버 A가 노래를 잘하고 춤이 조금 부족하면, 노래 연습을 더 많이 시켜요. A가 춤 연습을 해서 노래도 조금 하고, 춤도 그럭저럭 추는 것보다는 노래를 독보적으로 잘할 때 팬들은 훨씬 큰 매력을 느끼니까요. 그래서 아이돌 그룹을 구성할 때 노래 담당, 춤 담당, 랩 담당을 정해 놓는 거예요.

드라마에 나온 편의점에서 삼각김밥을 먹고 싶다고?

타인을 따라 소비하는 현상을 '밴드왜건 효과'라고 해요. 밴드왜건은 축제 때 악대 행렬의 맨 앞에 서는 마차나 자동차를 말해요. 사람들의 관심을 끄는 역할을 하죠. 경제학에서는 유행에 따라 상품을 구매하는 소비 현상을 가리킬 때 써요. 문화 산업에서는 밴드왜건 효과가 자주 발생해요. 친구가 보고 온 영화, 듣고 있는 음악을 따라서 소비하는 경향이 두드러져요. 연예인이 입고 나온 옷을 사거나, 먹방 유튜버가 소개한 음식을 먹으러 가는 심리도 '밴드왜건 효과'지요.

베트남에서는 드라마 〈편의점 샛별이〉를 방영한 뒤 한국을 그대로 옮겨 놓은 듯한 편의점이 인기라고 해요. 이곳에는 떡볶이, 어묵, 치킨, 도시락 등 한국 음식들이 즐비해요. 드라마 방영 직후 베트남의 한국식 편의점 매출이 30퍼센트나 높아졌대요.

기업들이 유명 연예인이나 운동선수를 광고 모델로 내세우는 이유도 밴드왜건 효과를 노리기 때문이에요. 인기 연예인이나 운동선수가 사용하는 상품은 '믿을 만하다'고 느끼며 쉽게 구매로 이어지거든요. 때로는 주식이나 부동산에서도 '다른 사람이 사니까, 나도 사야겠다'며 사람이 몰리면서 가격이 오르는 밴드왜건 효과가 일어나기도 해요.

무인점포와 노동력

기계가 사람의 일자리를 빼앗는다고?

학교를 마치고 돌아온 유준이는 집 앞에서 익숙하게 대문 잠금장치 비밀번호를 누르고 집 안으로 들어갔어요. 엄마가 거실에서 책을 정리하고 있었지요. 유준이는 엄마를 보고 깜짝 놀랐어요.

"엄마 집에 있었네? 지금 일하러 갈 시간 아니었어?"

"엄마가 미리 말 못 했네! 엄마 일 그만두었어. 아르바이트하던 옷 가게에서 요즘 인건비가 너무 올랐다고, 무인점포로 바꾼대."

"무인점포? 사람이 없다는 뜻이야?"

"사람 대신 자동화 기계로 상품을 파는 가게야. 사람을 고용하는 비용의 4분의 1 정도면 그런 기계를 쓸 수 있대. 그래서 요즘 무인점포가 점점 늘고 있어. 정말 기계가 사람 일자리를 빼앗는 시대가 왔나 봐."

엄마는 한숨을 깊게 내쉬었어요. 그러다 문득 생각난 듯 유준이에게 물었어요.

"그런데 오늘 친구들하고 논다고 하지 않았어? 무슨 네 컷 사진 찍는다고."

"곧 방학이라 만나기 어려워지니까 애들이랑 셀프 사진관 '행복 네 컷'에서 기념사진 찍을 거야. 키오스크로 결제하고, 거기에 있는 안면 인식 AI가 자동 보정 하면 사진이 진짜 예쁘게 나와. 그러고 보니 행복 네 컷도 무인점포였네!"

유준이는 가방을 방에 가져다 놓고 신발을 신으며 말했어요.

"엄마, 다녀올게!"

"그래, 모처럼 학원 빠지고 가는 거니까 즐겁게 놀다 와."

약속 장소인 놀이터에는 친구들이 먼저 와 기다리고 있었어요. 유준이의 같은 반 친구 희재, 현서, 하린이였어요. 희재가 유준이에게 말했어요.

"유준아, 우리 배고프니까 라면 먹고 갈까? 현서랑 하린이는 이미 동의했어."

"라면? 좋아!"

유준이는 희재와 나란히 걸었어요. 그런데 희재가 편의점을 그냥 지나쳐 계속 걸어가는 거예요.

"편의점에서 컵라면 먹는 거 아니었어?"

"조금 더 가면 저기 수학 학원 1층에 무인 라면 가게 있어. 우리가 키오스크로 결제하고, 직접 끓여 먹는 곳이야."

"무인? 직접? 그럼 편의점보다 불편한 거 아니야?"

"일단 가서 이용해 보면 너도 분명 편하다고 느낄 거야. 우리가 직접 하는 대신 싼 가격에 끓인 라면을 먹을 수 있고, 주인이 없는 무인점포라 자유롭게 행동할 수 있어."

유준이는 희재를 따라 무인점포 '라면 황제'로 들어갔어요. 가게 안 벽장에는 요즘 인기 있는 수십 종의 라면이 꽂혀 있고, 벽 쪽으로 라면 끓이는 기계가 늘어서 있었어요.

"우아, 라면 종류 진짜 많다. 라면 황제 맞네!"

처음 와 본 유준이와 달리 희재는 익숙한 듯 키오스크 앞으로 갔어요. 유준이도 희재 옆에 바짝 붙어 키오스크 메뉴를 살펴보았어요. 유준이가 키오스크에 쓰여 있는 이벤트 메시지를 보고 현서와 하린이에게 손짓했어요.

"얘들아, 이리 와 봐. 새로 나온 '참고추라면' 다섯 개를 먹으면 만두 하나를 서비스로 주는 5+1 이벤트 중이야. 우리가 네 명이니까 라면 다섯 개 먹고, 만두까지 먹으면 더 좋을 거 같아."

그러나 현서가 반대했어요.

"나는 매운 거 싫어해서 깨통통라면 먹고 싶은데……. 네 명이 라면 다섯 개 먹고, 만두까지 먹으면 너무 배부를 것 같아."

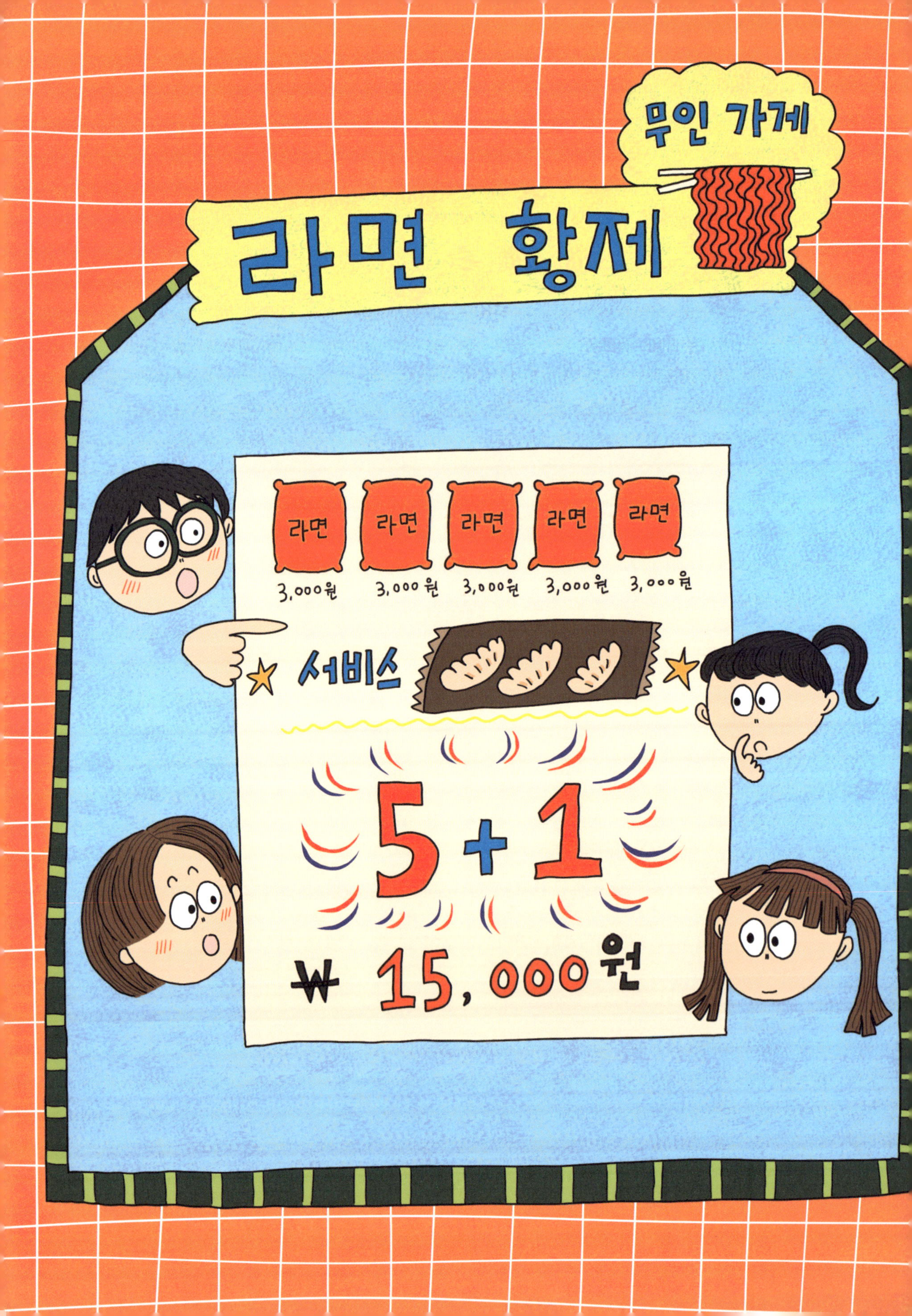
무인 가게
라면 황제
라면
3,000원
라면
3,000원
라면
3,000원
라면
3,000원
라면
3,000원
서비스
5+1
₩ 15,000원

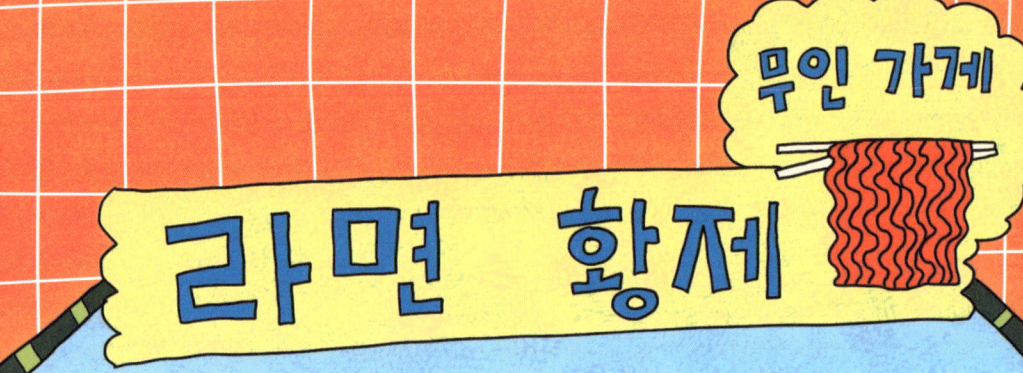

유준이는 가격표를 보며 친구들에게 설명했어요.

"라면 하나에 3,000원이고, 만두는 하나에 4,000원이네? 이렇게 먹으면 1만 6,000원. 그런데 라면 5개를 사면 1만 5,000원이고, 이벤트로 만두까지 먹을 수 있으니 참고추라면 다섯 개를 먹는 게 더 싸고 이득이잖아. 그렇지?"

유준이의 계산에 친구들이 고개를 끄덕였어요. 하린이는 유준이의 어깨를 쓰다듬으며 칭찬했어요.

"오, 경제 박사, 최유준! 그럼 유준이 말대로 참고추라면을 먹어 볼까?"

유준이는 경제적으로 선택한 것 같아 어깨가 으쓱했어요. 아이들이 낸 돈을 모아 결제를 마친 희재는 라면 기계에 종이 냄비를 올려놓았어요. 라면이 끓기를 기다리는 희재 곁에서 유준이가 물었어요.

"너 여기 와 봤어? 익숙하게 잘하네?"

"여기 위층이 우리 오빠가 다니는 수학 학원이라 몇 번 와 봤어. 우리 오빠가 이 무인점포 단골이거든."

"여기는 지키는 사람이 없으니 라면 몇 개 훔쳐도 모르겠는걸?"

희재는 유준이를 바라보며 천장을 가리켰어요. CCTV 대여섯 대가 매장 곳곳을 촬영하고 있었어요.

"저기에서 다 지켜보고 있어. 혹시 가지고 나가더라도, CCTV가 누가 범인인지 바로 찾아낼걸? 이런 무인점포에는 수많은 첨단 기기가 작동하고 있대. 주인은 사물인터넷 기술로 매장 문을 닫고, 불을 끄고, 냉장고 온도를 조절하는 거야. 그런 첨단 기기 덕분에 사람 없는 무인점포를 운영할 수 있대."

 희재가 설명하는 사이 라면이 다 끓었어요. 하린이는 전자레인지에 냉동 만두를 데워 왔어요. 푸짐한 한 상이 차려졌어요. 모두 라면 한 그릇씩을 맛있게 먹었어요. 처음 맛본 참고추라면은 맛이 괜찮았어요. 공짜로 만두까지 먹었더니 배가 불렀어요. 하나 더 끓인 라면은 아무도 손대지 않았어요. 현서가 그 라면을 유준이 쪽으로 밀며 말했어요.

 "유준이 너, 이 라면 안 먹어? 아까 네가 다섯 개 시키는 게 더 싸다고 했잖아."

 "그게…… 한 개를 다 먹고 났더니, 배가 불러서 더 먹고 싶지 않네. 라면 종류가 달랐으면 맛보는 기쁨이라도 있어 먹었을 텐데. 어차피 똑같이 매운맛이라는 걸 아니까 만족도가 떨어지는 것 같아."

 유준이는 라면 한 그릇을 그대로 남긴 것이 어쩐지 미안했어요. 그때 희재가 유준이를 보며 말했어요.

 "원래 낱개로 살 때보다 묶음 상품을 싸게 주는 이유가 가격 할인으로 구매를 늘리려는 거래. 그래야 라면 회사의 이익이 늘어나니까. 묶음 상품을 사면 상품 관리와 보관도 소비자 몫이 돼. 너무 많이 샀다가 소비 기한이 지나 먹지 못해 버릴 수도 있고. 묶음 상품이 싸다고 많이 사는 게 무조건 좋지는 않은 거지."

그 말을 들은 하린이가 유준이 어깨를 툭 치면서 말했어요.

"그래도 괜찮아. 유준이 계산 덕분에 1,000원이나 싸게 만두까지 먹었잖아!"

먹은 그릇을 모두 정리한 뒤 유준이와 친구들은 라면 가게에서 멀지 않은 행복 네 컷 사진관으로 걸어갔어요. 행복 네 컷 사진관에 거의 도착했을 때, 누군가 유준이와 친구들에게 말을 걸었어요.

"셀프 사진관 가세요?"

뒤를 돌아보니 대학생으로 보이는 남자였어요.

"네."

"저쪽에 있는 셀프 사진관에 가는 거 어때요? 얼마 전 새로 문을 열었거든요. 지금 판다와 함께 사진 찍는 오픈 이벤트 중이에요. 1회 촬영 결제하면, 판다와 함께 사진을 추가로 찍을 수 있는 쿠폰을 드려요. 하루 선착순 30명에게만 드리는 가격 혜택이에요. '판다네 사진관'은 '행복 네 컷'과 사진 찍는 방식도 같고, 가격도 같아요."

"똑같은 가게인데, 이름만 다른 거예요?"

유준이가 묻자, 그 대학생은 당황한 듯 머리를 긁적였어요.

"똑같다기보다…… 사람 없이 운영하는 방식이 비슷하죠. 아무래도 무인점포는 적은 자본으로 창업할 수 있고, 진입 장벽이 낮아 비슷한 업종을 금세 따라 할 수 있으니까요."

대학생은 말을 돌리며 판다와 함께 찍은 사진들을 보여 주었어요. 가운데에 판다가 있어 마치 진짜 판다와 정답게 찍은 것처럼 보였어요.

"꺅, 판다 너무 귀엽다!"

"판다가 가운데에 있으니까 가족 같아!"

유준이와 친구들은 새로 생긴 '판다네 사진관'으로 가기로 의견을 모았어요. 대학생이 알려 준 '판다네 사진관'은 멀지 않은 곳에 있었어요. 가게 안으로 들어가니 역시나 이곳도 사람 대신 기계들이 유준이와 친구들을 반겨 주었어요. 입구에 키오스크가 있고, 벽면에는 사진 기계들이 설치되어 있었어요. 벽에 붙은 가격표에는 '1회 촬영 8,000원'이라고 쓰여 있었어요. 유준이는 희재에게 2,000원을 내밀었어요. 다른 친구들도 희재에게 돈을 주었어요.

"1회만 결제할게. 한 번에 잘 찍자! 그다음에 판다와 함께 찍을 거야."

희재의 말에 모두 고개를 끄덕였어요. 키오스크로 결제하고, 사진 촬영 부스 안으로 들어갔어요. 유준이는 부스에 들어가기 전 거울을 보며 흐트러진 머리를 매만졌어요.

"준비되었지? 셔터 누른다. 네 번 찍을 거야. 표정 예쁘게 하고, 하나, 둘, 셋!"

"찰칵! 찰칵! 찰칵! 찰칵!"

잠시 후 촬영한 사진이 인쇄되어 나왔어요. 사진을 본 유준이는 입술을 삐죽였어요.

"뭐야? 내 표정 왜 이래? 이건 나 눈 감았잖아. 마음에 안 들어. 다시 찍고 싶어!"

희재가 유준이를 말렸어요.

"다시 찍으려면 또 결제해야 하는데? 그래도 다시 찍어?"

유준이는 고개를 끄덕였어요. 유준이는 다시 2,000원을 냈고, 친구들 돈까지 8,000원을 다시 모아 촬영을 했어요. 두 번째 찍은 사진은 그래도 마음에 들었어요.

"다음은 판다랑 함께니까 자리 바꾸자. 가운데를 비워 놓고 서."

희재의 주도로 유준이, 현서, 하린이는 앞에 있는 모니터를 보며 자리를 잡았어요. 모니터에 이미 판다가 그려져 있어서 위치를 잡기 쉬웠어요. 가운데 덩치 큰 판다를 보니 유준이는 저절로 웃음이 터져 나왔어요. 유준이와 친구들은 활짝 웃으며 판다 컷도 촬영을 마쳤어요.

곧이어 판다와 함께 찍은 사진이 나왔어요. 표정도 밝고, 판다도 귀여워 모두 좋아했어요. '판다네 사진관' 오픈 이벤트로 이런 사진을 얻다니, 이곳으로 오기 정말 잘한 거 같아요. 그때 희재가 이상한 점을 발견하고는 소리를 높였어요.

"어쩌지? 사진이 세 장이야. 우리는 네 명인데, 세 명만 사진을 가질 수 있어."

희재가 난감한 듯 유준이와 현서, 하린이를 쳐다보았어요. 그때 하린이가 나섰어요.

"한 장 더 프린트할 수는 없어? 판다와 함께 찍은 사진은 너무 귀여워서 양보하기 어려울 것 같은데?"

주변을 두리번거리던 유준이가 벽에 쓰인 안내문을 소리 내어 읽었어요.

"이벤트로 찍은 '판다와 함께' 사진은 세 장이 기본입니다. 사진이 더 필요하신 분은 5,000원을 결제하시면, 사진을 세 장 더 받을 수 있습니다. 뭐야? 판다 사진을 모두 나누어 가지려면 5,000원이나 더 내야 하네?"

안내문을 읽은 유준이는 어찌할지 몰라 희재를 바라보았어요.

"5,000원 없는데? 라면 사 먹고, 사진 찍느라 우리 가지고 온 돈 전부 써 버렸잖아. 그럼, 가위바위보로 정하자. 지는 사람 한 명이 사진 안 가져가는 거, 어때?"

희재의 말에 유준이도, 현서와 하린이도 어쩔 수 없다고 생각했어요. 네 사람은 잠시 숨을 고르며 가위바위보를 준비했어요. 누구도 질 수 없는, 지고 싶지 않은 승부였어요. 판다와 함께 찍은 사진은 쉽게 가질 수 없잖아요.

"자, 시작한다! 가위, 바위, 보!"

네 사람의 손이 한곳에 모였어요. 그 순간, 바로 결과가 나와 버렸어요. 아이들은 유준이를 보며 웃음을 터뜨렸어요. 한 번에 결과가 나온 게 너무 우습다면서 깔깔거렸어요. 유준이는 주먹을 냈어요. 희재, 현서, 하린이는 모두 똑같이 보자기를 냈고요.

생각해 봅시다

편리한 무인점포가 일자리를 빼앗는다고?

유준이는 친구들과 라면을 먹을 때 당연히 편의점으로 가는 줄 알았어요. 하지만 희재는 새로 생긴 무인 라면 가게가 더 편하다며, 무인점포로 가자고 했어요. 라면 가격이 같을 때, 편의점과 무인점포 중 어디에서 라면을 먹는 것이 경제적인 선택일까요?

유준: 무인점포가 많아지는 건 일자리를 잃는 사람이 많다는 뜻이야. 편의점에 가면 아르바이트생이 필요한 물건도 찾아 주고 결제도 해 줘서 편하잖아. 일자리를 잃지 않고 사람이 서비스해 주면 소비자도 편하니 편의점을 이용하는 게 좋아.

희재: 무인점포는 라면 종류도 많고, 눈치 보지 않고 마음대로 행동할 수 있어서 좋아. 앞으로 기계가 발전하면 어차피 세상은 무인점포 형태로 바뀔 거야. 편의점보다 무인 라면 가게를 자주 이용해서 무인점포에 빨리 익숙해지는 게 좋을 것 같아.

무인점포가 왜 자꾸 늘어날까?

새로 생긴 아이스크림 할인점, 빨래방, 사진관, 커피숍, 스터디 카페, 반려동물 용품점 등 자동화 기계를 이용해 상품이나 서비스를 파는 '무인점포'로 운영하는 업종이 점점 늘어나고 있어요. 2023년 기준, 무인점포는 전국에 6,000여 개가 넘어요. 앞으로는 더욱 많이 생길 거라고 해요.

무인점포가 많아지는 이유는 무엇일까요? 사실 무인점포는 예전부터 있었어요. 전자오락실, 커피 자판기, 동전 노래방 등이 사람 없이 물건이나 서비스를 파는 무인점포지요. 전 세계적으로 코로나19 유행을 겪으면서 비대면 방식이 주목받기 시작했어요. 사람과 접촉하지 않는 판매 방식이 코로나19 시대에 잘 맞아떨어진 거죠. 그러면서 무인점포가 급격히 늘었어요. 무인점포를 찾는 사람이 많아지면서 업종도 다양해졌고요.

물가 상승도 한몫했어요. 물가가 오르면 인건비도 높아져요. 가게를 운영하는 자영업자들은 인력 채용이 부담스럽죠. 2024년 기준, 최저 임금은 시간당 9,860원이에요. 어떤 일을 시키든 고용주는 노동자에게 한 시간에 9,860원 이상을 지급해야 해요. PC방 주인 A가 아르바이트생 B를 고용해서 주 48시간씩 한 달 동안 일을 시켰을 때 A는 B에게 200만 원 이상을 지급해야 해요. 반면 무인 시스템 기계를 이용하면 기계 사용료로 50만 원 정도만 내면 돼요. 그래서 무인점포는 인건비를 아껴야 하는 소규모 자영업인 경우가 많아요.

주요 소비 계층인 MZ 세대 취향도 무인점포 증가를 부추기고 있어요. 어린 시절부터 디지털 기기를 경험하고 자란 MZ 세대는 무인점포 안의 기계를 능숙하게 다뤄요. 판매 사원이 없어 눈치 안 보고 옷을 입어 보고, 사진을 찍을 수 있는 자유로움을 선호해요. MZ 세대의 무인점포 이용이 많아지면서 무인점포가 점점 늘어나는 거예요.

무인점포에는 키오스크와 CCTV가 '열일'!

인건비 상승, 인력 부족 문제를 해결하기 위해 등장한 무인점포는 사람을 대체하는 든든한 IT 기술 덕분에 유지되고 있어요.

무인점포에서 가장 흔히 볼 수 있는 기계는 키오스크예요. 이제 음식점에서 키오스크로 주문하는 일은 너무나 흔해졌어요. 기차역, 영화관에서 키오스크를 이용해 표를 사고, 공항에서 키오스크로 셀프 수속 하는 일은 자연스러운 일상이에요.

키오스크라 불리는 '터치스크린 방식'의 무인 주문 기계의 발전과 보급으로 인력을 대폭 줄일 수 있었어요. 키오스크 한 대당 아르바이트생 1.5명을 대체하는 효과가 있다는 조사도 있어요.

서울의 한 무인 편의점은 스마트폰의 QR 코드 등을 통해 입장한 뒤 원하는 상품을 들고나오면 자동 결제되는 시스템으로 운영해요. 이 단순한 과정에서 편의점 애플리케이션 QR 코드를 이용한 고객 식별 시스템, 고객 행동과 상품 정보를 분석하는 딥러닝 AI 카메라, 상품 이동 정보를 수집하는 정밀 무게 감지 센서, 통합 자료를 분석하고 처리하는 클라우드 결제 시스템(POS), AI 기반의 결제 시스템 등 엄청난 IT 기술이 작동한답니다.

이 편의점에서는 고객이 매장에서 물건을 고른 뒤 전용 게이트를 빠져나오면 AI 기술이 적용된 결제 시스템이 결제한 모바일 영수증을 보내 줘요. 1+1, 가격 할인 등 편의점 행사가 모두 자동 반영되고, 고객이 깜빡 잊고 가져오지 않은 증정품은 애플리케이션 보관 시스템에 저장되어 언제라도 가져갈 수 있어요.

무인점포에서는 주인 대신 CCTV가 24시간 사람을 감시해요. 현재는 점주가 CCTV를 들여다보고 고객의 특이한 행동을 포착하여 점포와 연결된 스피커로 경고하는 게 일반적이에요. 앞으로는 고객의 동작을 분석해 과격한 행동을 하면 자동으로 감지하고 경보를 울리는 AI 기술이 적용된 CCTV가 널리 쓰일 거라고 해요.

무인점포에서는 사물인터넷 기술을 이용해 점포 상황을 확인하고, 필요한 경우 조정해요. 아이스크림 할인점에서는 냉동고가 고장이 나면 큰 손해예요. 아이스크림 냉동고에 센서를 설치해 놓고, 일정 온도에서 벗어나면 점주의 스마트폰으로 알려 줘요. 점주는 사물인터넷 기술로 냉동고 온도를 조절하고, 간판이나 조명도 꺼요.

무인점포에서 사용하는 기술은 계속 발전하고 있어요. 얼굴 인식으로 출입부터 결제까지 할 수 있는 안면 인식 기술, 가게에 직접 가지 않고 집에서 쇼핑하면 드론이 배송해 주는 가상현실과 증강현실 기술, 바코드 스캔 없이 바구니에 물건을 담기만 해도 자동으로 결제되는 스마트 카트도 머지않아 일상에서 사용할 수 있을 거래요. 무인점포에는 사람 대신 각종 IT 기술을 탑재한 기기들이 날마다 '열일' 하고 있어요.

아이스크림 가격은 왜 가게마다 다를까?

같은 상품이나 서비스를 사람마다 다른 가격으로 받는 것을 '가격 차별'이라고 해요. 미용실에서 성인과 학생의 커트 요금을 다르게 받는다거나, 영화를 아침에 보는 사람에게 할인해 주는 게 바로 가격 차별이에요.

가격 차별에는 여러 방식이 있어요. 우선 대형 마트에서 흔히 볼 수 있는 낱개와 묶음 가격을 차별하는 방식이에요. 라면을 낱개로 사는 것보다 다섯 개 묶음으로 사면 개당 가격이 더 싸요. 아이스크림 열 개를 사면 한 개를 더 주는 10+1 방식도 묶음으로 샀을 때 가격을 깎아 주는 가격 차별 정책이에요.

묶음으로 가격을 차별하는 이유는 가격 할인으로 구매를 늘려, 이익을 높이기 위해서예요. 라면이나 아이스크림 같은 품목은 구매량이 는다고 만족도가 높아지는 품목이 아니에요. 유준이가 선택한 참고추 라면은 다섯 개 묶음을 사서 한 번에 먹든, 다섯 번을 먹든 그 맛은 똑같아요. 한 번에 한 개씩만 먹을 라면을 굳이 묶음으로 살 필요가 없는 거죠. 상품을 산 이후에 관리는 소비자의 역할이에요. 집에서 묶음 라면을 보관할 공간도 필요해요. 이걸 아는 라면 회사는 묶음 가격을 할인해 주어서 구매를 늘리는 동시에, 싸게 샀다는 장점으로 소비자의 만족도를 높이는 거예요.

소비자의 특징이나 시장 상황에 따라 아예 다른 가격을 설정하기도 해요. 국내에서 생산한 '타이거 자동차'를 한국에서는 5,000만 원에 팔고, 독일에서는 4,000만 원에 파는 식이죠. 한국 소비자는 타이거 자동차를 고급으로 여겨서 5,000만 원이어도 기꺼이 사요. 반면 고급 자동차가 많은 독일의 소비자는 타이거 자동차를 중급 정도라고 인식해요. 자동차 회사는 독일 시장에서 가격을 비싸게 정해 거래 자체가 없는 것보다 가격을 낮춰서라도 많이 파는 쪽이 이익이에요. 그래서 국내와 해외의 자동차 가격을 차별하는 거예요. 요즘은 내수용과 수출용 자동차를 아예 따로 만들기 때문에 단순히 가격만 놓고 비교하기는 어렵지만 말이에요.

이렇게 대놓고 가격을 차별하는 이유는 무엇일까요? 가격을 차별했을 때 더 큰 이익을 얻을 수 있기 때문이에요. 가격 차별은 높은 가격을 낼 의사가 있는 사람에게 비싸게 받고, 높은 가격을 낼 의사가 없는 사람에게는 싸게 받는 원리예요. 높은 가격을 낼 의사가 없는 사람

에게 비싸게 받아 거래 자체를 무산시키기보다, 싸게 해 주어서 거래가 이루어지는 게 이익이거든요. 예를 들어 미술관 입장료가 어른 1만 원, 어린이 5,000원이에요. 그림을 감상할 수 있는 권리는 똑같은데 가격이 달라요. 일반적으로 어린이는 어른보다 소득이 적거나 없어요. 어른과 똑같이 1만 원을 받아 어린이가 비싸서 감상하지 못하는 것보다, 가격을 낮추더라도 어린이의 관람을 늘렸을 때 더 큰 수익이 발생해요.

요즘은 가격 차별에서 한발 더 나아가, '여러 가격 정책'을 마케팅으로 활용해요. 스마트폰을 처음 출시할 때는 가장 높은 가격을 받아요. 시간이 지나면서 가격을 단계적으로 낮추다가 다음 모델이 출시되기 직전에 가장 싸게 팔아요. 신상품이 나와 기존 제품이 재고로 쌓이는 것보다 싸게 팔아 버리는 게 이익이니까요.

고객에게 맞춤 가격을 제안하는 가격 차별 정책도 있어요. 가격에 민감한 고객에게 더 저렴한 가격을 알려 주어 구매하도록 유도하는 거예요. '신규 고객에게만 드리는 20퍼센트 할인권' '○○○ 님만 사용할 수 있는 시크릿 쿠폰' '한우 구매 고객에게만 드리는 한우 재구매 할인 쿠폰' 등은 고객 개별 맞춤으로 가격을 차별하는 거예요. 판다네 사진관에서 일하는 대학생이 유준이와 친구들에게 선착순 30명만 쓸 수 있는 쿠폰을 준 것도 넓은 의미의 가격 차별이에요. 1회를 결제했는데 판다와 함께 찍을 수 있는 사진까지 2회 촬영을 제안했으니까요.

보통 아이스크림은 편의점보다 무인점포가 저렴해요. 그 이유는 인건비, 관리비 부담이 상대적으로 적어 판매 가격을 낮춰 받을 수 있기 때문이에요. 또는 아이스크림을 만든 회사에서 아이스크림 할인점, 편의점, 대형 마트, 백화점 등 판매 채널마다 다른 가격으로 제품을 공급하는 '가격 차별'을 하기 때문이에요. 아이스크림 판매량이 많을수록 유리한 가격으로 공급받을 수 있어요. 대개 아이스크림 할인점이 편의점보다 판매량이 많으니까 가격 차별로 싸게 공급받은 아이스크림을 소비자에게 저렴하게 팔 수 있죠.

이렇게 가격 차별이 점점 다양해지고, 혜택이 복잡해지는 만큼 현명한 소비를 하려면 다양한 정보를 찾아보고 신중하게 선택해야 해요.

무인점포는 진입 장벽이 낮다고?

무인점포가 늘어나는 건 소비자에게 반가운 일이에요. 무인점포끼리의 경쟁으로 소비자는 더 큰 혜택이나 서비스를 누릴 수 있어요. 하지만 무인점포를 운영하는 점주에게는 고통스러운 일이에요. 살아남으려면 피 튀기는 경쟁을 벌여야 하니까요.

무인점포가 많아지는 배경에는 '소자본 창업'이 가능하다는 장점이 있어요. 적은 돈으로 가게를 차릴 수 있다는 거예요. 무인점포로 많이 운영되는 아이스크림 할인점, 셀프 사진관, 문방구, 인형 뽑기방, 빨래방 등은 작은 규모의 매장에서 저렴한 물건이나 서비스를 판매하기에 알맞은 업종이죠. 이런 업종을 '진입 장벽이 낮다'고 표현해요.

특정 산업에 들어가기 위해 극복해야 하는 유·무형의 장애물을 '진입 장벽'이라고 해요. 대도시 근교에 있는 초대형 베이커리 카페는 진입 장벽이 높아요. 초대형 베이커리 카페를 차리려면 커다란 건물, 넓은 주차장, 고급스러운 실내 장식, 빵을 만드는 차별적 기술 등이 필요하죠. 극복해야 할 장애물이 많아 시작하기 어려워요. 반면 동네에 있는 무인 카페는 진입 장벽이 낮아요. 작은 매장에서, 커피 기계 몇 대를 들여놓으면 사업을 시작할 수 있어요. 빵을 만들 줄 몰라도 냉동 생지를 오븐에 굽는 방식으로 빵을 판매할 수 있어요. 무인 카페는 가진 돈이 적어도, 특별한 기술이 없어도 사업이 가능해요. 그래서 진입 장벽이 낮다고 하는 거예요.

진입 장벽이 낮은 업종은 누구나 쉽게 시작할 수 있어 경쟁이 심해요. 1,000세대가 사는 아파트 단지에 무인 문방구가 잘된다는 소문이 돌면 경쟁자가 들어와 무인 문방구를 열어요. 그들끼리의 경쟁에서 지는 사람은 손해를 감수하고 사업을 접을 수밖에 없어요. 진입 장벽이 낮은 사업은 시작하기는 쉽지만, 경쟁자가 많아 망하기도 쉬워요.

무인점포 때문에 어린이 범죄가 늘어난다고?

무인점포가 늘면서 발생한 일자리 감소 문제도 생각해 볼 필요가 있어요. 아르바이트생, 단기 노동자의 일자리가 기계로 대체되면서 안 그래도 취약한 일자리에 있던 노동자가 갈 곳을 잃었거든요. 앞으로 4차 산업 혁명, AI 기술 발전으로 무인점포는 계속 증가할 거예요. 그 자리에서 밀려난 저임금 노동자에 대한 대책 마련이 필요해요.

무인점포는 '사람이 없다'는 장점으로 시작하는 사업이지만, 그 장점이 도난, 절도라는 단점으로 나타나기도 해요. 특히 무인점포에서 어린이 청소년 범죄가 증가하고 있어요. 학교 근처에 생기는 무인점포는 보통 아이스크림은 기본이고, 문구, 장난감 등을 함께 팔아요. 호기심 많은 어린이의 관심을 끌 수밖에 없죠. 지켜보는 주인이 없고, 물건이 눈앞에 있으니 아직 윤리 의식이 부족한 어린이들이 값을 치르지 않고 물건을 가져가는 경우가 많아요. 얼마 전에는 중학생들이 무인점포의 키오스크를 파손하고 현금을 훔쳐 달아나 큰 문제가 된 적이 있어요.

무인점포가 늘면서 그곳을 자주 이용하는 어린이, 청소년 들이 범죄의 유혹에 빠지기 쉬워졌어요. 주인이 있으면 일어나지 않았을 어린이, 청소년 범죄가 무인점포라서 일어났는지도 몰라요. 주인이 없으니까 호기심으로, 재미로 물건을 훔치는 거죠. 도난 사고가 일어난 무인점포의 위치를 조사해 보니 70퍼센트가 초·중·고등학교에서 300미터 안에 있는 것으로 나타났어요. 학교와 가까운 곳에 무인점포가 생기는 것이 어린이, 청소년 범죄 발생과 관련 있다고 볼 수 있는 거예요. 무인점포를 자주 이용하는 어린이와 청소년들을 대상으로 철저한 범죄예방 교육을 진행해 윤리 의식을 높이고, 본인 인증 제도 등의 예방책을 마련해야 한다는 목소리가 높아지는 이유예요.

무인점포의 핵심은 '좋은 상품'!

2018년, 미국 시애틀에 '아마존고'라는 무인 편의점이 문을 열었어요. 이곳은 상품을 바구니에 담은 뒤, 계산대에 줄을 설 필요 없이 그냥 걸어 나오면 자동으로 계산되는 '저스트 워크 아웃(just walk out)' 기술을 적용했어요. AI, 모바일 지불 시스템, 위치 추적 시스템, 사물인터넷 등의 첨단 기술이 모두 들어 있었지요.

아마존고 매장에 들어서면 센서가 고객의 움직임을 실시간으로 감지해요. 천장에 달린 카메라가 고객의 얼굴과 집어 든 상품을 인식한 뒤, 애플리케이션 장바구니에 담고 저장해 놓은 카드로 자동 결제 하지요. 고객이 물건을 몰래 숨겨 나가면 어떤 고객이, 어떤 상품을 가져갔는지 정확하게 알아내요.

무인점포 아마존고는 사무실, 빌딩, 아파트가 밀집한 대도시 지역에 자리를 잡았어요. 바쁜 도시 직장인들이 포장 음식이나 샐러드, 샌드위치를 집어서 바로 걸어 나갈 수 있도록 말이에요. 아마존고의 인기는 폭발적이었어요. 미국 전역에 3,000여 개까지 매장을 늘리겠다는 계획을 발표했지요.

하지만 현재, 아마존고는 매장 수를 점차 줄이고 있어요. 이용자가 적어 적자가 심하거든요. 아마존고가 실패한 가장 큰 이유는 물건을 집어 걸어 나가면 자동 결제되는 기술의 혁신성에 집중한 나머지, 식료품점이 갖추어야 할 기본을 갖추지 못했기 때문이에요. 아마존고는 다른 편의점보다 상품의 신선함과 다양성이 떨어졌어요. 기술 개발 비용, 기기 유지 비용을 거둬들여야 하니 상품 가격이 비쌀 수밖에 없었지요. 요즘 아마존고는 기술 개발·운용 비용을 줄이면서 매장을 효과적으로 운영할 수 있는 방향으로 사업 전략을 바꾸고 있다고 해요.

아마존고는 완벽한 무인점포를 추구했지만, 결국 매장 안의 카메라와 CCTV를 점검하는 일은 사람이 할 수밖에 없었어요. 고객의 불만이나 요구를 해결해 줄 수 있는 것도 사람이었고요. 아마존고의 사례에서 보듯, 무인점포의 핵심은 첨단 기술 그 자체가 아니라 상품의 우수성, 서비스의 차별성, 그리고 그런 기술을 운용하는 '사람'에게 있음을 잊어서는 안 돼요.

참고문헌

《걸그룹 경제학》, 유성운 외 지음, 21세기북스, 2017
《구독경제 101》, 스노우볼랩스 지음, 스노우볼랩스, 2023
《구독경제 소유의 종말》, 전호겸 지음, 베가북스, 2021
《구독경제와 디지털 마케팅》, DMC미디어 지음, DMC미디어, 2022
《김추자에서 BTS까지 여로에서 우영우까지》, 사무엘소 지음, 샘소북스, 2022
《동물에게 권리가 있는 이유》, 김지숙 외 지음, 나무를심는사람들, 2022
《마케팅은 구독이다》, 이성길 지음, 새로운제안, 2021
《보이지 않는 가격의 경제학》, 노정동 지음, 책들의정원, 2018
《빅히트 시그널》, 윤선미 지음, 블랙피쉬, 2020
《사지 않고 삽니다》, 정희선 지음, 미래의창, 2021
《세상을 바꾼 플랫폼 성공 비법》, 김성겸 지음, 중앙경제평론사, 2021
《유튜브 지금 시작하시나요?》, 이시한 지음, 미래의창, 2020
《유튜브는 처음입니다만》, 서민재 지음, 카시오페아, 2019
《유튜브에 빠진 너에게》, 구본권 지음, 북트리거, 2020
《재미없는 영화, 끝까지 보는 게 좋을까?》, 박정호 지음, 나무를심는사람들, 2017
《지구인을 위한 패스트 패션 보고서》, 민마루 외 지음, 썬더키즈, 2021
《카카오 네이버, 지금 사도 될까요》, 박재원 지음, 메이트북스, 2022
《트렌드 코리아 2023》, 김난도 외 지음, 미래의창, 2022
《트렌드 코리아 2024》, 김난도 외 지음, 미래의창, 2023
《패스트패션 패션의 민주화, 그 후》, 유레카 편집부 지음, 디지털유레카, 2020
《플랫폼 경제와 공짜 점심》, 강성호 지음, 미디어숲, 2021
《플랫폼 경제, 무엇이 문제일까?》, 한세희 지음, 동아엠엔비, 2021
《한류 외전》, 김윤지 지음, 어크로스, 2023